100位

为新中国成立作出突出贡献的英雄模范人物

董振堂

于　元/编著

★

吉林文史出版社

图书在版编目（CIP）数据

董振堂 / 于元编著. -- 长春：吉林文史出版社，
2011.4（2022.4重印）
（100位为新中国成立作出突出贡献的英雄模范人物）
ISBN 978-7-5472-0573-0

Ⅰ．①董… Ⅱ．①于… Ⅲ．①董振堂（1895～1937）—
生平事迹 Ⅳ．①K825.2

中国版本图书馆CIP数据核字(2011)第051197号

董振堂

DONGZHENTANG

编著/ 于元

选题策划/ 王尔立　责任编辑/ 王尔立

装帧设计/韩璘

出版发行/ 吉林文史出版社

地址/ 长春市福祉大路5788号　邮编/ 130118

电话/ 0431-81629363　传真/ 0431-86037589

印刷/天津海德伟业印务有限公司

版次/ 2011年4月第1版　2022年4月第6次印刷

开本/ 640mm×920mm　1/16

印张/ 9　字数/ 100千

书号/ ISBN 978-7-5472-0573-0

定价/ 29.80元

《100位为新中国成立作出突出贡献的英雄模范人物》丛书

★★★★★

编 委 会

/**100**位

为新中国成立作出突出贡献的英雄模范人物/

八女投江	于化虎	小叶丹	马本斋	马立训	方志敏
毛泽民	毛泽覃	王尔琢	王尽美	王克勤	王若飞
邓 萍	邓中夏	邓恩铭	韦拔群	冯 平	卢德铭
叶 挺	叶成焕	左 权	诺尔曼·白求恩		任常伦
关向应	刘老庄连	刘伯坚	刘志丹	刘胡兰	吉鸿昌
向警予	寻淮洲	戎冠秀	朱 瑞	江上青	江竹筠
许继慎	阮啸仙	何叔衡	佟麟阁	吴运铎	吴焕先
张太雷	张自忠	张学良	张思德	旷继勋	李 白
李 林	李大钊	李公朴	李兆麟	李硕勋	杨 殷
杨子荣	杨开慧	杨虎城	杨靖宇	杨闇公	萧楚女
苏兆征	邹韬奋	陈延年	陈树湘	陈嘉庚	陈潭秋
冼星海	周文雍、陈铁军夫妇		周逸群	明德英	林祥谦
罗亦农	罗忠毅	罗炳辉	郑律成	恽代英	段德昌
贺 英	赵一曼	赵世炎	赵尚志	赵博生	赵登禹
闻一多	埃德加·斯诺		夏明翰	格里戈里·库里申科	
狼牙山五壮士		聂 耳	郭俊卿	钱壮飞	黄公略
彭 湃	彭雪枫	董存瑞	董振堂	谢子长	鲁 迅
蔡和森	戴安澜	瞿秋白			

前　言

每个人的心中都多少有一点英雄情结，都向往英雄、景仰英雄。也正因此，在中华人民共和国建国六十周年之际，由中央十一部委联合组织开展的"100位为新中国成立作出突出贡献的英雄模范人物和100位新中国成立以来感动中国人物"的评选活动中，群众参与投票总数近一亿。这其中的每一张选票，都表达了人们对英雄模范的崇敬之情，寄托着对伟大祖国的美好祝福。

一个民族不能没有英雄，否则这个民族就不会强大。当国家危难之时，懦弱者选择了逃避、妥协甚至投降，英雄们却挺身而出，用热血捍卫民族的尊严，人民的幸福。在创立和建设新中国的伟大历程中，涌现出无数可歌可泣的英雄模范人物。他们之中，有为了民族独立和人民解放而英勇牺牲的革命先烈，有为了党和人民的事业而不懈奋斗的优秀共产党员，有在全民族抗战中顽强奋战、为国捐躯的爱国将士，有英勇杀敌的战斗英雄和革命群众，有积极从事进步活动的著名民主爱国人士和国际友人……他们是民族的脊梁、祖国的骄傲，是激励全体人民团结奋斗的精神力量。

《100位为新中国成立作出突出贡献的英雄模范人物传记》丛书，就像一部星光璀璨的英雄谱，真实、完整地记录了英雄模范人物不平凡的一生，再现了他们非凡的人格魅力和精神世界。"头颅可断腹可剖"的铁血将军杨靖宇，"毫不利己，专门利人"的白求恩，"抗战军人之魂"张自忠，"砍头不要紧"的夏明翰，"俯首甘为孺子牛"的文化斗士鲁迅……一串串闪光的名字，一个个动人的故事，犹如群星闪烁，光耀中华。

如今，战火已熄，硝烟已散，英雄已逝，我们沐浴在和平的幸福之中。在和平年代，人们不会忘记为今日的和平浴血奋战的英雄们，英雄的故事永远不会结束。让我们用英雄的故事唤醒我们心中的激情，为中华民族的伟大复兴而奋斗。

生平简介

董振堂（1895–1937），男，汉族，河北省新河县人，中共党员。

董振堂 1920 年进入保定陆军军官学校学习。毕业后投身于冯玉祥的西北军，曾参加推翻贿选总统曹锟的北京政变和北伐战争。九·一八事变后，他反对蒋介石"攘外必先安内"的政策，思想日益倾向革命。1931 年 12 月 14 日和赵博生、季振同等率第二十六路军一万七千余官兵举行宁都起义，在中国革命史上写下了光辉一页。起义部队编为中国工农红军第五军团，董振堂任军团副总指挥兼第十三军军长。1932 年加入中国共产党。率部参加赣州、漳州、南雄水口等战役和中央苏区第四、第五次反"围剿"，屡立战功。曾获中华苏维埃共和国临时中央政府授予的红旗勋章。1934 年 10 月率部参加长征，红五军团担任后卫，多次完成阻击任务，为保障中央红军主力北上立下赫赫战功。红五军团因此荣膺"铁流后卫"的光荣称号。1935 年 6 月第一、四方面军会师后第五军团改称第五军，董振堂任军长。1936 年 10 月所部编入红军西路军，渡黄河西征，指挥所部参加攻占山丹、临泽、高台等县城的战斗。1937 年 1 月 12 日率部在甘肃高台县城与近十倍于己的敌人浴血苦战，于 20 日壮烈牺牲。

1895-1937
[DONGZHENTANG]

◀ 董振堂

目 录 MULU

"坚决革命的同志"（代序）

董振堂从青少年时代便开始苦苦追求真理，向往光明。

董振堂从保定陆军军官学校毕业后，在冯玉祥的军队里屡立战功，参加过北伐战争，从一名排长逐级晋升为中将师长。他身为旧军官，但没有沾染军阀的恶习。他一身正气，光明磊落，是一位品格高尚的正直军人，继承了中华民族的优秀传统。

在中国共产党的影响和指引下，董振堂于1931年12月率领国民党第二十六路军官兵在江西宁都起义，在中国革命最困难时毅然参加中国工农红军，走上了革命道路，并于1932年加入中国共产党。为了革命事业，他身先士卒，出生入死，身经百战，艰苦卓绝，表现出了一名共产党员的大无畏的革命英雄主义精神。

在保卫中央苏区的战斗中，董振堂参加了赣州、水口等战役和第四次、第五次反"围剿"，表现出了卓越的军事指挥才能和不怕牺牲、无私奉献的革命精神。

中央红军开始长征后，董振堂率部担任全军后卫，承担了最危险、最艰苦的掩护任务，参加了血战湘江、石板河阻击战等著名战役，保证了中央红军的安全，被誉为"铁流后卫"，表现出了忠于革命的顽强精神。

长征结束后，董振堂奉命率部参加西征，在河西走廊与马步芳匪军激战。1937 年 1 月 20 日，董振堂在高台浴血奋战九天九夜后，终因寡不敌众壮烈牺牲，年仅 42 岁。

董振堂为革命作出了突出的贡献，受到毛泽东等老一辈无产阶级革命家的高度赞扬。噩耗传来，毛泽东特地为他举行追悼会，并称董振堂将军是"坚决革命的同志"。

董振堂将军可歌可泣的英雄事迹是共产主义精神的具体表现，是一笔宝贵的精神财富。

我们缅怀和纪念董振堂将军，要学习和发扬他追求真理、忠于人民、忠于革命事业的革命精神，做到坚持理想不动摇，革命意志不涣散，奋斗精神不懈怠，满怀信心地投身革命事业；要学习和发扬他坚持原则、顾全大局、无私奉献的高贵品质；要学习和发扬他不畏牺牲、献身革命、勇于征服一切困难的英雄气概。

董振堂将军光辉战斗的一生及他的革命精神，永远值得我们敬仰和学习。

出生和求学

(1895-1923)

"长大也当义和团"

★★★★★

（0—10 岁）

董振堂于 1895 年 12 月 21 日（农历十一月六日）生于河北省新河县西李家庄。

董振堂在亲兄弟中排行第二，上有哥哥董升堂，下有弟弟董志堂；在叔伯兄弟中排行第四，人们都叫他董四。"董四"与"懂事"同音，因此乡亲们都说这孩子一定懂事，将来是个做大事的人。

新河县位于河北省中南部，西北距石家庄 100 公里，西南距邢台 120 公里。

西李家庄位于小漳河之滨，在新河县城西四十多里处。这里与宁晋县交界，常年非旱即涝，土地含有大量的沙和碱，是一个非常贫苦的地方。靠山吃山，靠水吃水，这里的老百姓多以种田为生。

002

西李家庄经济贫穷，文化落后，虽有一百五十多户人家，五百五十多口人，却极少有人能够上得起学。

董家是个大家，人口众多，历代务农，勤俭成风。

到董振堂祖父时，家里已经开垦了近百亩地，自耕自种，还盖了十来间草房。这在地广人稀的西李家庄，虽比不上地主、富农那样富足，但生活还算比较殷实。

董振堂的父亲董俊清是个魁梧的庄稼汉，从小学了一身武艺，好打抱不平。一些地痞流氓对他怀恨在心。

董振堂降生那年，中国因在甲午海战中惨败，与日本签订了《马关条约》，又割地又赔款，还开放了沿海口岸。从此，列强蜂拥而来，纷纷在中国建立教堂，开设工厂，进行政治和经济侵略。

列强教会的势力十分猖獗，教堂的传教士欺压百姓，残害儿童，引起了劳苦大众的强烈不满。河北人民不断反抗教会的欺压，参加斗争的群众越来越多，很快出现了反对教会的群众组织——义和团。义和团提出"兴清灭教"、"扶清灭洋"等口号，与教堂展开斗争，势力渐渐蔓延到北京城。

1900年5月，北京外国公使慑于义和团运动的迅猛发展，认为形势紧急，立即举行会议。会上，各国公使一致同意调军队前来保护使馆。7月20日，八国联军侵入北京，洗劫了北京城。

1901年，英国、俄国、德国、美国、日本等11国强迫清政府签订《辛丑条约》，把清政府置于列强控制之下，中国完全沦为半封建半殖民地社会。

甲午海战后，清廷为了赔款，加重了对百姓的搜刮，仅有九万多人口的新河县每年田赋增至17230两白银。《辛丑条约》签订后，清廷另向新河县摊派18400两白银。

新河县百姓不堪重负，有的活活饿死，有的把刚生下来的孩子活活溺死。

董振堂7岁时，华北大旱三年，粮食歉收，霍乱流行。董振堂全家七口人都染上了霍乱，祖父和祖母相继病逝。

董振堂染上霍乱后，昏迷多日，不省人事，但凭着旺盛的生命力总算活了下来。他母亲逢人便说："振堂这孩子都死了好几回了，多亏阎王爷不要他。"

由于董家的医药费和丧葬费都是借高利贷支付的，从此家境一日不如一日了。

董振堂从小听话，因生活困难上不起学，小小年纪在家帮助父母干零活，割草、放牛、挖野菜，什么都干，非常勤快。

在距西李家庄五里地的毕家庄，建了一座天主教堂。一些地痞流氓趁机入教，依仗教会势力横行乡里，为非作歹，人称"假洋鬼子"。董振堂家的麦田和毕家庄相连，每到收麦子的时候，毕家庄的教徒总来抢麦子。

董振堂10岁那年，天主教徒不但抢走了他家的麦子，还将董振堂的父亲打成重伤。董俊清本来有过人的武功，但教徒人多势众，好虎架不住一群狼。

董振堂见父亲挨打，怒火中烧，跑过去保护父亲。那帮教徒灭绝人性，竟对小孩子下了手，打得董振堂头破血流。乡亲们闻讯赶来相救，教徒们这才纷纷逃走。

经历这场灾难，董振堂一下子长大了。他心里只有一个念头："长大也当义和团，专杀那些穷凶极恶的洋鬼子和假洋鬼子。"

董俊清躺了好几个月才养好伤，他咽不下这口气，告到县衙门。

县令不敢惹洋人，董家的官司当然打不赢，眼睁睁地看着那些教徒逍遥法外。

为了不再受人欺负，农闲时董家三兄弟开始向父亲学武。董振堂学武十分刻苦，有时一练就是几小时，累得连炕都上不去。

→ 小学和中学

（11—22岁）

父亲董俊清希望三个孩子都能读书成才，但由于家庭经济能力有限，只能让哥哥董升堂去读书，留下两个弟弟在家干农活。

董振堂喜欢读书，哥哥天天抽空教他识字、写字、背书、背诗。董振堂越学越爱学，学习兴趣越来越浓。

有一天，董振堂对父亲说："爹，让我念书去吧！我一定好好念书。有了本事，别人就不敢欺负我们了。"

在严酷的现实面前，父亲也觉得这是唯一的出路，但家中生活越来越困难，哪有力量供孩子读书啊？父亲为难地说："现在家中勉强糊口，哪能送你去上学啊？"

董振堂听了这话十分失望，但他求学心

△ 少年时代的董振堂

切，便跑到邻村求外祖父帮忙。

外祖父找到董俊清，开门见山地说："振堂这孩子有出息，别的孩子都不愿意念书，而他自己主动要念书。既然孩子愿意念，就让他念吧，出事我兜着，大不了卖几亩地。"

董俊清见岳父这样说，便咬了咬牙，全家节衣缩食，送董振堂到邻村曹庄初小去读书。

因为家穷上学晚，在班上董振堂穿得最破，年纪也最大，常常被富家子弟嘲笑。董振堂毫不自卑，以读书为荣，心里感到很自豪。没钱买纸买笔，他就以大地为纸，用树枝当笔。他还用麻扎成毛笔，在废纸上练习写毛笔字。没钱买布，他就和哥哥用一个书包。

董振堂天资聪明，又肯发奋读书，学习成绩在班上很快就名列前茅。后来，他从二年级跳到了四年级。这时，谁也不敢嘲笑他了。

董振堂放学后，常跑到田里帮助父亲干农活。农闲时，他继续随父亲学武。功夫不负有心人，董振堂聪明过人，体力又强，很快学会了十八般武艺，样样精通，远近闻名。

1911年10月10日，武昌起义爆发了。清朝灭亡后，董家像过节一样高兴，共庆反帝反封建取得胜利。不料，袁世凯很快篡夺了革命的胜利果实，中国又陷入北洋军阀的黑暗统治中。董振堂大失所望，下决心学好本事，好改变国家的命运。

光阴荏苒，日月如梭。1913年，董振堂从小学毕业了。毕业时，他被学校授予"模范学生"的称号。

小学毕业后，董振堂考入冀县中学继续读书。

冀县中学距西李家庄近百里，这是董振堂第一次离家独立生活。

在中学的几年里，董振堂从未缺过一次课。他知道，要想救国救民，必须学好本事。他读书十分用功，老师常在他的作文后面写上"鹤立鸡群"的评语。毕业时，董振堂荣获了"优秀模范"的称号。

清河陆军预备学校

★ ★ ★ ★ ★

（22—24岁）

1917年夏天，董振堂22岁，考入北京保定军官学校预科——清河陆军预备学校读书。

清河陆军预备学校建于1902年（光绪二十八年），设在北京昌平县清河镇西约三公里处。

这是保定陆军军官学校的预备学校，全校建有两层楼房二十余幢，砖瓦平房约一百间。学校东西两面和北面筑有高高的围墙。西围墙外是大操场，操场南北长约三千米，东西宽约两千五百米。操场北端为器械体操场和骑术教练场。学生在这里可以受到充分锻炼，为实战打下基础。

清河陆军预备学校先后共办四期，培养

了大批军官苗子。

学校设学科和军事科，同时进行军事训练。学科设有国文、中外历史、中外地理、代数、几何、微积分、物理、化学、绘图、外语（英、日、德、俄语）等。军事科设有步兵操典、各种典范令、内务条例。军事训练设有徒手与持枪单人训练和班排训练，还有武术、马术、刺枪、器械体操、野外演习以及实弹射击等。

入校学生完全享受公费，学校除供给伙食外，每年每人还发衬衣、单军衣各两套，棉军衣一套，单鞋两双，棉鞋一双，另外还发外出单军衣一套，呢子军衣一套，呢子大衣一件，皮背心一件和皮鞋一双。此外，每月每人还发现金两元作为零用钱。

当时，北京物价低廉，饭馆林立。一些学生每到星期日，早饭不吃便急急忙忙骑上出租的毛驴，跑到北京城里去大吃大喝。而董振堂总是用这些钱买书读，也常常寄给父母一些钱贴补家用。

在校期间，董振堂学习十分刻苦，门门功课都是优秀，还结交了一些志同道合的朋友。

课余时间，董振堂除读书外，还继续坚持练武。河北是武术之乡，练武成风。董振堂武功过人，在同学中很有名气，加之他十分愿意助人为乐，因此人们都称他为"大侠"。

1919 年，五四运动爆发了。

原来，1914 年第一次世界大战爆发时，日本借口对德宣战，攻占我国青岛和胶济铁路全线，控制了山东省，夺取了德国过去在山东强占的各种权益。1918 年，德国战败，第一次世界大战结束后，战胜国于 1919 年 1 月 18 日在巴黎召开"和平会议"，其实是分赃会议。当时，北京政府和广州军政府联合组成中国代表团，以战胜国身份参加巴黎和会，提出取消列强在华的各项特权，取消日本帝国主义与袁世凯签订的《二十一条》不平等条约，归还大战期间日本从德国手中夺去的山东各项权益等合理要求。巴黎和会在帝国主义列强操纵下，不但拒绝了中国的合理要求，而且在对德和约上，竟根据袁世凯与日本签订的《二十一条》，明文规定把德国在山东的权益全部转让给日本。北洋政府丧权辱国，竟准备让与会代表在合约上签字，从而激起了中国人民的强烈反对，轰轰烈烈的五四运动爆发了。

这一轰轰烈烈的爱国运动强烈地感染了清河陆军预备学校的同学，他们纷纷响应"外抗强权，内除国贼"的爱国行动。

巴黎的消息传来，陆军预备学校的学生义愤填膺，怒目圆睁，牙齿咬得咯吱咯吱响，恨不得立即拿起刀枪与列强和北洋政府拼了。

由于陆军预备学校是军事学校，学校当局控制极严，不能公开集会，同学就私自串联。这里与清华大学较近，同学们常常借足球比赛的机会与清华大学学生会联系。

1919 年 5 月初，陆军预备学校的学生得知北京各高等学校和部分中学将在天安门前举行集会，到总统府请愿时，立即秘密串联，准备参加。

由于保密不严，学生的爱国行动被校长钱选青侦知了。陆军部立即派来一营步兵驻扎在学校四周，监视学生。这样，陆军预备学校的学生未能参加五四运动。

董振堂满腔热血，一向爱国爱民，常以未能参加五四运动为憾。

→ 保定陆军军官学校

★★★★★

（24—28岁）

1919年12月1日，董振堂从清河陆军预备学校毕业。

1920年暑假后，董振堂进入保定陆军军官学校读书。入学后，因他数学成绩突出，并钻研过炮兵知识，被分到炮科学习。

保定陆军军官学校是我国历史上第一所正规的高等军事学府，其前身是清朝北洋陆军速成学堂。

自 1912 年至 1923 年，保定陆军军官学校共办了九期，毕业学生六千余人。其中不少人后来成为黄埔军校的教官，在国民党及共产党内都有保定陆军军官学校的毕业生。

保定陆军军官学校训练了近一万名军官，其中一千六百多人获得了将军军衔。

这所学校造就了大批军事人才，在我国近代史上具有不可忽视的地位。

保定陆军军官学校位于保定旧城东北 2.5 公里，总面积约一千五百余亩，东西长两公里多，南北长一公里多。

保定陆军军官学校主要功能为训练初级军官，学期两年，分步兵、骑兵、炮兵、工兵、辎重兵五科，学制章程参照日本士官学校，教官也以日本士官学校毕业生居多。

保定陆军军官学校先后共有八位校长，其中第二任校长为民国最著名的军事家蒋百里。

蒋百里是中国近代著名军事理论家，曾先后留学日本和德国学习军事。

蒋百里最重要的军事著作《国防论》于 1937 年初出版，书中在世界上首次提出了抗日持久战的军事理论。

毛泽东看到蒋百里的著作后，产生了共鸣，不由得击节赞赏。毛泽东在蒋百里著作的基础上加以发挥，于 1938 年 5 月发表了振聋发聩的《论持久战》。

在蒋百里的努力下，保定陆军军官学校办得有声有色。

学校每天至少有半天时间授课，除有关军事的战术、兵器、测绘、筑垒及典范令外，还有理化、数学、历史、地理等，每节课为一个半小时。

典范令小册子是教练各项军事动作的准绳。普通知识和外语是辅助教育，聘请文职教员担任，目的是充实学生的军事知识，为逐步全面学习各种军事理论准备条件。

术科训练先在操场进行各种制式教练，然后再到各教练场演习。野外演习先由简入繁，再逐步进入全面联合演习。实弹射击有打靶场，骑马训练有马场，炮兵训练有炮场，工兵有土木工作业场、架桥作业场，爆破演习则选择不致造成危害的场所进行。辅助术科如体操、劈刺、武术等都有专业教官，在大院内进行。器械操在学校后门外的器械操场进行。这些训练每课多为一小时，正式出操训练一般两小时，野外演习至少用半天时间。如果科目复杂并且远离学校时，则增加时间，由一到数日不等。大演习时要携带帐篷、炊具，在演习地体验实际生活。

保定陆军军官学校之所以中外闻名，与人才辈出及对中国近代史造成的巨大影响分不开。

这所学校仅民国时期的毕业生即达 6553 人，其中不少人成为中国近代革命史上的知名人物，为中国人民的革命事业立下了不朽功勋，如著名军事将领叶挺，在北伐战争中率领的铁军使敌人闻风丧胆。而董振堂作为宁都起义的著名领导人，为中国革命立下了赫赫战功。

△ 保定陆军军官学校

　　保定陆军军官学校教学质量高，被全国公认为军事教育的正统学校。

　　保定陆军军官学校以自身极好的军事素质在军事教育和参谋业务等方面受到各省军事当局的重视，形成了一个独具特色的军事学术系统。孙中山创办黄埔军校时，即以保定陆军军官学校毕业生为军事教育骨干。

　　自辛亥革命至七七事变，保定陆军军官学校毕业生大多担任高级指挥官，在军官中占有很大比重。尽管蒋介石独裁时期极力培植自己的体系——黄埔系，但保定陆军军官学校毕业生的学历仍然是从事军事教育的最可靠的保证。

　　保定陆军军官学校自建立之日起，即提倡"军人以保家卫国，服从命令为天职"，"军人以不问政治为高尚"，形成了保定陆军军官学校学生一种特有的职业军人的特点。

但是，董振堂有远大的抱负，他关心政治，以救国救民为己任。进入保定军官学校，他感到如虎添翼。在校期间，他如饥似渴地学习军事本领，以便为己所用，救国救民。

为了练好实战本领，董振堂虽然在学生中年龄最大，但是他敢于吃大苦，流大汗。在武装泅渡训练时，他身扛钢筒在几十米宽的河中游来游去，一游就是几个来回，硬是练得在水中来去自由，如履平地。

董振堂只要一上炮位，就不愿意下来。通过长时间的苦练，终于练得心、手、眼合一，百发百中了。

毕业时，董振堂各门功课成绩均为优秀，受到学校的嘉奖。捧着毕业证书和一把纪念军刀，董振堂愉快地踏上了军旅之路。

在旧军队

(1923—1931)

借梯子上房

★★★★★

（28岁）

1923 年，董振堂从保定军官学校第九期毕业，与何基沣等 13 名同学被派到陆军检阅使冯玉祥部下当见习官。

冯玉祥的部队军法森严，待遇极低，军官学校毕业生大都不愿意到他那里去。

毕业前夕，有个同学代直系军阀吴佩孚邀请董振堂到洛阳去加入吴佩孚的队伍。董振堂特地同哥哥董升堂商量，问他此事是否可行。

董升堂说："吴佩孚妄想用武力统一中国，日益骄横。别看他现在盛极一时，恐怕是兔子尾巴长不了。"

董振堂颇以为然，便说："听说冯玉祥的十一师军纪严明，用人重才，不专讲人情。

我们是穷孩子出身，没有靠山，不如去十一师。"

董升堂说："对，可以到冯玉祥的军队里去锻炼锻炼。"

冯玉祥自幼在保定长大，因家贫于1896年（光绪二十二年）入伍当了一名清兵，历任哨长、队官、管带等职。1911年（宣统三年）武昌起义爆发后，冯玉祥曾参与发动滦州起义，失败后被革职。1914年7月，冯玉祥出任北洋陆军第七师第十四旅旅长。1922年5月，冯玉祥出任河南督军。因受直系军阀吴佩孚的排挤，10月被调任陆军检阅使，率部驻防北京南苑。

冯玉祥平时抓紧练兵，重视军队教育，宣扬传统道德和西方基督精神，被人称为"基督将军"。这时，他还未曾接触共产主义，缺乏明确的政治理念。

到十一师后，董振堂、何基沣和同去的其他两名同学被派到师参谋处工作，任务是在南苑绘制地图。他们接受任务后，不顾炎夏酷暑，每天大汗淋漓地工作十三四个小时。

他们觉得工作辛苦倒没有什么可怕的，最令人难以忍受的是部队中的奴隶制度。一天，冯玉祥前来视察，把参谋、教官和见习官约一百多人召集到军帐前听他训话。他先是讲了一大套军人必须以服从命令为天职和上级错了下级也不准争辩的规定，然后把两个犯了军规的参谋拉出来，扒下裤子，每人重打四十军棍。站在一旁的见习官吓得面面相觑，谁都不敢吭一声。

这一天晚饭时，见习官谁都没有吃，他们没想到冯玉祥的部队竟这样野蛮。

△ 何基沣

　　事情发生之后，在不到一个星期的时间里，三十多个见习官逃了一多半。

　　四个被挑选出来绘图的人，除董振堂没说什么外，何基沣等三人都感到前程黯淡，心神不宁，绘图工作的进度明显慢了下来。

　　何基沣曾利用假日两次进北京城托亲朋师友另找出路，另外两个同学也不时长吁短叹。

　　有一天，两个同学进城找门子去了，只剩下董振堂和何基沣两个人继续绘图。到了下午，两人有些累了，董振堂对何基沣说："咱们休息休息，谈谈心吧。"

两人坐下来，董振堂问道："看样子你是非走不可了？"

何基沣说："我看透了，冯玉祥也是彻头彻尾的军阀。以前，我以为他的部队军纪严明，跟上他可以救中国，现在看来跟着他根本没有希望，因此我决定走。"

董振堂说："你说冯玉祥的部队不能救中国，我同意。但是，我不同意你走。要知道天下乌鸦一般黑，走到哪里都一样。现在虽然找不着救国的军队，但将来肯定会有的，你不用心急。"

听了董振堂的话，何基沣急忙追问道："谁能救中国？在哪里？赶快告诉我，咱们好去投奔啊。"

董振堂说："好，我会告诉你的。不过，有个条件，你得打消走的念头。"

何基沣说："要是真有救中国的军队，我一定照你的意见办。"

董振堂见何基沣为人诚恳，便到院子里去转了一下，见外面无人偷听，又回到房子里，对何基沣说："古人说：'事之不秘，反害于成。'我跟你说了，你可千万要保守秘密啊。要救国救民，像我们现在这样赤手空拳是不行的。我们应当立定志向，埋头苦干，锻炼身心，互相勉励，不怕任何困难，争取掌握一点兵权。如果当了排长，可以掌握几十支枪；要是当了连长，就可以掌握一百多支枪了。这样，越发展力量越大。冯玉祥的队伍虽然也是军阀队伍，但毕竟可以凭能力，不专靠门子。我们可以先在这个部队里干上几年，借他的梯子好上房。等我们掌握了实力，有了机会，不就可以救中国了吗？"

何基沣听了这番话，又惊又喜，当即决定留下不走了，并且愿意同董振堂互勉互励，苦干几年，好掌握军队，救国救民。

此后，何基沣在冯玉祥的军队里步步高升。

1939 年 1 月，何基沣经人介绍秘密加入中国共产党，并受党中央委派返回国民党军队开展工作，曾先后担任第七十七军副军长、军长等职。在淮海战役的紧要关头，何基沣率领七十七军火线起义，为我军顺利取得淮海战役的胜利做出了重大贡献。

何基沣终生感激董振堂，他常说："听君一席话，胜读十年书。"

两个月的绘图工作结束后，董振堂自愿要求到学兵团炮兵连当了一名排长。

保定陆军军官学校分到十一师的见习官有两条出路：一是留在上层当教官或参谋，一是到连队当下级军官。前者生活比较舒适，待遇也高。后者工作辛苦，薪水低，而且军纪森严，处处要以身作则。当时，许多人都以走前一条路为荣，唯独董振堂与众不同，不愿意当参谋。为了掌兵救国，他选择了后一条路。

排长这个职务十分辛苦，要亲自带队操练，

每天至少要操练半天到八小时，晚饭后还有体操，加到一起全天要操练十个小时以上。

除此之外，冯玉祥还命令他的部队为当地百姓种树、修路，都要排长亲自领着干。

还有，冯玉祥的下级军官按要求至少要学会三套器械操。董振堂不顾自己已经奔三十岁了，硬是勤学苦练，手上磨出血泡也不罢休，终于熟练地掌握了三套器械操。

当排长名义上每月发给二两半银子，合当时通用的钞票三十五元，但每月都不能按时发放。

排长和士兵一起吃大灶，衣服、日用品还得自备。

这一切都没有把董振堂难倒。

这样的生活许多人都受不了，从保定陆军军官学校和董振堂一起分到冯玉祥部队的还有两个炮科毕业生，不久都开了小差。

董振堂因有远大抱负，硬是坚持下来，很快习惯了冯军的生活。

董振堂在炮兵连里过着和学兵一样的生活，学兵能做的事他都能做，学兵不能做的事他也能做。学兵公认董振堂是一位以身作则、吃苦耐劳、关心士兵的好长官。

有一天，董振堂正和学兵一起抬土挑砖修建营房时，冯玉祥到部队视察来了。

冯玉祥看到董振堂很能吃苦耐劳，极为赞赏，在心里记住了他。

后来在炮兵野外演习时，董振堂指挥发炮，三发连中。冯玉祥见了，十分惊喜，叫他当众介绍经验。董振堂毫无保留地系统详细地讲了一番，受到许多同事的称赞。冯玉祥对董振堂更加器重，决定提拔他。

冯玉祥任用军官学校毕业生有个惯例，即由排长升为上尉参谋，此后便永远在参谋部门工作了。

冯玉祥想把董振堂提升为上尉参谋，董振堂表示愿意继续当排长，不愿意当参谋。冯玉祥认为董振堂不识抬举，十分不悦。

这时，参谋长刘骥对冯玉祥说："大帅，人生各有所好，提升军官应尊重个人志愿才是。"

于是，冯玉祥把董振堂提升为炮兵连连长。

→　"傻司令"

1924 年 10 月，董振堂参加了冯玉祥发动的北京政变，囚禁了贿选总统曹锟，将末代皇帝溥仪赶出了紫禁城。这两件事符合历史潮流，大快人心。

冯玉祥部改编为国民军后，董振堂相继担任第一军机炮教导大队大队长、陆炮营营长。

两年后，在与奉系军阀张作霖作战中，董振堂指挥陆炮营击毁了奉军的装甲列车，被升为工兵团团长。

这场战事结束后，正值五月端阳前夕，董振堂率军路过河北深县。

深县的五月鲜桃闻名遐迩，这时满树硕果累累，正是下树的时节，令人垂涎欲滴。

队伍从树下经过时，满树鲜桃伸手可摘。为了严肃军纪，董振堂下了一道命令："吃桃不留头，留头不吃桃。谁要是偷吃老百姓一只桃，就把脑袋拿来！"

结果，董振堂的队伍路过深县时，没摘老百姓一只桃。

深县老百姓从未见过这样的队伍，都非常感动，无不伸出大拇指称赞道："这简直就是岳家军啊！"

1927年9月17日，冯玉祥在内蒙古五原召开誓师大会，宣布参加北伐，董振堂被升为国民联军第十二旅旅长。

原来，冯玉祥在五卅运动中见西方基督徒迫害中国工人后，再也不信基督教了。这次，他刚从苏联考察归来，决定支持国共合作，开始崇拜孙中山了。

为了策应南方北伐军，董振堂率部进入湖北，直插直系军阀吴佩孚的心脏地区，在樊城端了吴佩孚的司令部和警卫营。

战役结束后，董振堂因战功卓著，升任国民联军第三十六师师长。

同年秋天，董振堂被调到河南郑州担任军官学校副校长。不久，又调任十三师师长兼洛阳警备司令。

董振堂生活非常简朴，他的行军床上只有一被、一褥、一毯，此外没有任何多余的东西。他身上穿的是部队发的军装和包着皮头的懒汉鞋，吃的是两菜一汤。他不抽烟，不喝酒，也从不请客送礼。

休息时，董振堂除了看书之外，没有任何嗜好。每到一个地方，他总是先买些书来读。当地买不到，就托人到外地去买。

董振堂读书时，不时用红蓝铅笔在书上圈圈点点。每看完一本，就把书装进帆布箱子保存好。过上一段时间，箱子装满了，就托同乡捎回新河老家收藏起来。前前后后，董振堂曾托人往家里捎过许多箱书。那些书除了讲军事的，还有鲁迅和邹韬奋的著作，也有关于三民主义和政治经济学的。那时流行的《三侠五义》之类的书，他是一本也不看的。

董振堂调任十三师师长兼洛阳警备司令时，恰巧哥哥董升堂在洛阳担任训练总监部的一名科长。这是兄弟二人从军数年来唯一一次在一地共事，兄弟两人都认为这是千载难逢的机会，便共同商量，接父母妻小到洛阳。

父亲到洛阳后，告诫兄弟二人说："我们向来自己种地吃饭，自己织布穿衣。现在你们做官了，要紧的是要记住千万不要贪污。若是闹出贪污的丑事来，我就没脸见人了！更不要坑害百姓，坑害百姓会损祖上阴德的，这也是很重要的事！"

董振堂听了父亲的叮嘱，连连点头称是，并说："您老人家要保重身体，千万不要买地。地多了是地主，地主家是不会出好子孙的。"

董振堂的妻子是个不识字的农村妇女，连个名字也没有，因排行第七，比她小的都叫她"七姐"，比她大的都叫她"七妹"。她聪明贤惠，自从18岁嫁到董家后，一直任劳任怨，孝敬公婆，抚养儿女。结婚那年，董振堂才17岁，正在学校读书，所有家务重担都落在妻子的肩上。

这次到洛阳后，董振堂让妻子进平民学校学习，并让她给自己起个名字。妻子想了半天，最后说："俺哥哥叫贾明山，俺就叫贾明玉吧。"

从此，董振堂的妻子才有了名字。

贾明玉在洛阳居住期间，董振堂给她买了一件棉袍、一个棉袄和一条棉裤，都是布做的。那些身穿绫罗绸缎的地方官太太们见了，觉得司令太太过于寒酸，黄振堂却不以为然。

在洛阳，董振堂全家吃饭时只是比平时多加了一菜一汤，有时勤务员多给要了菜和汤，董振堂总是让警卫员退回去，并说："吃不了要浪费的。"

不久，中原大战即将爆发，为了安全起见，董振堂让父母妻小回新河老家去。

临别前，董振堂给贾明玉买了一件毛衣、一个枕头，还给了她十元大洋，嘱咐说："你回去后，用这点钱给孩子做件衣服。我这一辈子，你甭担心我吸烟，甭担心我喝酒，也甭担心我逛窑子。这些事我决不会做。即使再阔，我也不会讨小老婆。"

董振堂终生恪守自己的诺言，用全部精力爱兵、练兵、研究战略战术。只要有一点时间，他就读书，为国家探索光明。

1930年9月，董振堂参加了冯玉祥、阎锡山、李宗仁联合发动的反对蒋介石的中原大战。

这场军阀混战持续了半年之久，双方共投入了一百多万军队。

大战前期，蒋介石的中央军被打得节节败退。不料大战后期，东北军统帅张学良通电拥蒋，并下达了入关参战的命令，这等于在冯玉祥的背上

△ 中原大战军队集结

捅了一刀。

冯玉祥战败后，被迫出走，把残部交给了孙连仲。

蒋介石趁机把几十万钞票塞进孙连仲的腰包，收编了冯玉祥的残部，将其改编为国民党第二十六路军，下辖二十五师、二十七师和一个独立旅。改编后，董振堂原来的十三师缩编为二十五师七十三旅，董振堂担任旅长。

当时，军阀部队中的高级军官生活大都很糜烂，吃喝嫖赌无所不为。董振堂月薪虽高达二百多元，生活却依旧十分简朴。他每顿饭主食不过就是馒头或简单的面条，外加两菜一汤。

董振堂对下级军官和士兵非常大方，无论谁有困难他都解囊相助。他每月的薪金全部让勤务员高志中代管，到月底总是所剩无几，几乎全用来帮助别人了。

董振堂重义轻财，很多人称他是"不爱钱将军"，也有人背后叫他"傻司令"。

→ 宁都起义

（36 岁）

　　1931 年 5 月，二十六路军被蒋介石派到江西去剿共，参加第二次和第三次围剿。

　　董振堂不愿意打红军，曾提出辞职，未获批准。于是，他多次制造假情报，以此为由不肯进剿红军。

　　蒋介石通过情报系统知道真实情况后，给孙连仲发了一份电报，大骂董振堂贪生怕死，畏葸不前。从此，蒋介石对能征惯战的董振堂极为不满。

　　董振堂从来没有相信过蒋介石，为了掌兵，他不得已随孙连仲投到蒋介石的麾下。

　　董振堂从军的目的是为了救国，究竟谁能救中国呢？他苦苦地思索着。

　　董振堂想到了第一次大革命时期曾经接

触过的刘伯坚等共产党人，他认为共产党宣传的主张正是他梦寐以求的理想。

1926 年，在世界大潮的影响下，冯玉祥任命共产党员刘伯坚为他的国民联军总司令部政治部副部长。随后，中国共产党又先后派陈延年、宣侠父、刘志丹、邓小平等共产党员进入冯玉祥的部队进行工作。这是董振堂第一次接触共产党，仿佛在漫漫长夜中发现了明灯。

刘伯坚在冯玉祥军队里威信极高，人们都愿意听他讲革命道理，军中流传着一句话："听刘伯坚演讲，胜领一月军饷。"

后来，冯玉祥和蒋介石结为兄弟，礼送共产党员出境，令董振堂大失所望。多年来，董振堂曾几次派人到上海等地寻找刘伯坚，但都没有找到。

第三次围剿失败后，蒋介石命令二十六路军坚守宁都孤城。

二十六路军的广大官兵几乎都是北方人，宁都地处"围剿"红军的前线，那里蚊虫极多，再加上水土不服，许多人染上了恶性疟疾或痢疾。

蒋介石对这支杂牌军极其歧视，供给和医药条件很差。不到几个月，就有几千人因病死亡，二十六路军广大官兵对蒋介石的不满情绪迅速滋长起来。

这时，二十六路军中的共产党地下组织趁机开展活动，发展党员，积极进行政治宣传，揭露蒋介石排除异己的用心和借刀杀人的阴谋。这样一来，更激起了官兵对蒋介石的不满。

九·一八事变以后，东北三省沦陷，华北也岌岌可危。二十六路军广大官兵纷纷要求北上抗日，保家卫国。

　　担任二十六路军总指挥的孙连仲吃不了苦，跑到上海去看牙病，日常军务交由参谋长赵博生主持。在汹涌澎湃的抗日怒潮中，以赵博生、董振堂为首的高级将领联名通电蒋介石，要求北上抗日。

　　蒋介石接电后，气急败坏地拍来电报，以"佟谈抗日者杀勿赦"相威胁。这样，广大官兵的反蒋情绪更加强烈了。中共地下党组织利用这一极有利的形势，积极开展工作，鼓动官兵起义，投奔红军。

　　经过一系列的准备，二十六路军举行起义的各种条件日益成熟了。

　　这时，发生了一桩意外事件，中共党组织在南昌的一个地下交通站遭到破坏，二十六路军中共地下党的两个重要材料被敌人得到。蒋介石闻讯，立刻指令南昌行营拍出十万火急电报，命令二十六路军总指挥部严缉共产党员，星夜押往南昌行营惩处。接着，又派人乘专机送来蒋介石妄图一网打尽二十六路军中共地下党员的手令。

　　急电和手令全都落到主持全军日常工作的参谋长赵博生手里。赵博生同董振堂一样，也是一直在苦苦寻找刘伯坚的年轻军官。

　　中共地下党组织同赵博生、董振堂商量后，决定尽快举行起义，一方面由赵博生拍出"遵令即办"的电报，敷衍南昌行营；一方面派中共地下党员袁汉澄星夜赶到瑞金，向中共中央军事委员会和毛泽东请示有关起义事宜。

中共中央军委朱德、叶剑英等听了有关情况后，根据毛泽东指示作了如下答复："用最大的努力争取全部起义，起义后组成红五军团；万一不能全部举行起义，董振堂所领导的七十三旅以及中共党组织能够掌握的其他部队以进剿为名，在适当的地点解决反动军官，实行局部起义。已经暴露的共产党员随起义部队到中央苏区，未暴露的同志继续隐蔽下去。起义时间定在1931年12月13日夜12时。"

赵博生接到答复后，在二十六路军总指挥部的小楼里宴请团以上的军官，并当众宣布了起义的决定。

这样，二十六路军的绝大多数官兵弃暗投明，集体参加了红军。

◁ 宁都起义指挥部旧址

反"围剿"时期

(1931—1934)

→ 起义后和增援赣州

★★★★★

（36-37岁）

朱德十分关心这支刚刚获得新生的部队，亲自从瑞金赶到宁都，看望并慰问红五军团官兵。董振堂对朱德钦慕已久，接到通知后早早出营迎接。

两人相见后，董振堂发现朱德平易近人，好像多年不见的老大哥。

朱德先用朴实的语言讲解革命道理，起义官兵十分叹服，深深感受到共产党军队统帅的人格魅力。

朱德召集十三军的主要干部开会，就建立党组织、做好下次反"围剿"准备等重要问题做了指示。

会议结束时已过午夜，董振堂请朱德在军部留宿。朱德说："振堂，不行啊，明天早上还有一个重要的会议要开，我得赶回去。"

董振堂送朱德出门时，天上正飘着雪花。董振堂注意到朱德穿着单薄，便让朱德稍候，吩咐警卫员回屋取东西。

警卫员很快拿来一个包裹，董振堂立即捧给朱德。朱德打开一看，原来是一条毛毯。朱德连连推辞，董振堂真诚地说："这条毛毯是我用干净的钱买的，如不嫌旧的话就请您一定收下。"

朱德听了这话，十分感动，只好收下了。

1931年12月15日清晨，一万七千余人的起义队伍向宁都东南的彭湃县前进。一路上，苏区

▽ 1931年12月14日，被派到江西进攻红军的国民党第二十六路军一万七千余人，在宁都起义，加入工农红军，编为红五军团。图为1937年毛泽东（左三）、王稼祥（左二）、肖劲光（左一）与宁都起义的参加者在延安合影

老百姓高呼"欢迎二十六路军参加红军"的口号,涌到村口欢迎。

苏维埃政府派左权带领慰问队敲锣打鼓送来了猪肉、蔬菜和粮食,起义官兵感动得热泪盈眶。

起义后,二十六路军改编为中国工农红军第五军团。七十四旅旅长季振同担任军团总指挥,董振堂担任副总指挥兼十三军军长。

经过几天行军,红五军团陆续开到瑞金附近。

部队驻扎下来,开始按照中革军委的指示进行整训。

董振堂起义后,毛泽东亲自批准了他的入党申请。

董振堂被批准入党后,立即将多年来的积蓄三千多元上交党组织。十三军政委何长工为慎重起见,将此事上报毛泽东。毛泽东主张不要将积蓄全部上交,应寄一些给家里,再留一点自己用,而董振堂却坚持全部上交,他说:"革命了,个人的一切都交给了党,还要钱干什么?"

不久,董振堂率军增援赣州,为苏区献上了一份厚礼。

原来,中央苏区第三次反围剿胜利后,中国共产党临时中央委员会和苏区中央局为实现革命在江西及其邻近省区的首先胜利,多次指令中央红军攻占赣州,然后夺取吉安、南昌、九江等城市。于是,中央红军在江西赣州进行了一场城市攻坚战。

赣州三面环水,城墙坚厚,易守难攻,由国民党军第十二师第三十四旅两个团及一个独立连和地主武装十七个大队共八千余人防守。赣州北面附近地区驻有国民党军五个师,南面附近地区驻有国民党军十多个团，都能迅速驰援赣州。

1932 年 2 月 13 日、17 日，红军两次攻城，均未攻克。

23 日，红军再度攻城，曾一度攻占赣州城楼，但在国民党军反扑下，登城红军大部伤亡，第三次攻城失利。

29 日，国民党军在"缩小阵地，增兵进城，内外夹击，以解赣围"方针下，调集第十一、第十四师约两万人由泰和进至赣州西北郊，并以一部进入城区加强城防。

3 月 1 日，中革军委不顾军情变化，再次发出命令，要红军继续强攻赣州。

7 日凌晨，正当红军准备再度攻城之际，国民党军五个团从城内出击，城外国民党军也在城西南从侧后配合，对红军实施夹击，红军攻城部队顿时陷入被动境地。

在这千钧一发之际，毛泽东大胆起用刚刚改编的红五军团驰援赣州。

董振堂接到命令后，亲率四五千名手持大刀的红军战士杀入敌阵。霎时红绸飞舞，银光闪闪，漫山遍野响起一片喊杀声。敌军闻风丧胆，纷纷溃退。董振堂率红五军团乘胜追击，一举歼敌三千余人，取得了重大的胜利。

这次赣州战役历时 33 天，红军在战略指导上犯有严重的错误，攻城未克，反遭重大伤亡，丧失了利用有利形势扩大苏区和红军的时机。若不是董振堂奇兵相救，后果不堪设想。

董振堂旗开得胜，为红军主力解了围。这一仗打出了红五军团的声威，董振堂因此荣获红旗勋章。

→ # 水口之战

★★★★★

（37 岁）

在王明"左"倾路线的影响下，中央红军攻打赣州失利，损失巨大，官兵情绪一度十分低落。

不久，红一军团根据中央局的决定进入

福建地区，毛泽东也随红一军团行动。

毛泽东认为漳州战略地位重要，敌人兵力较弱，比较好打，应抓住机会攻克漳州，以振军心。

3月30日，毛泽东给苏区中央局书记周恩来发电，建议红军攻打漳州。毛泽东的建议得到苏区中央局的同意，并派毛泽东负责指挥这次战役。毛泽东接到中央局的电报后，非常兴奋，当即制定了作战方案。

根据漳州敌人分布情况，毛泽东决定漳州战役分两步打，先消灭外围之敌，打通进城之路，然后再打城内之敌。在毛泽东的指挥下，漳州战役大获全胜，使赣州之战失利的阴影烟消云散。

漳州战役后，福建军阀张贞受到重创，一蹶不振。

广东军阀陈济棠闻讯，忧心忡忡，怕迅速壮大起来的红军危及自己。

在蒋介石的煽动下，陈济棠纠集了20个团的兵力，趁我主力红军在外围作战，中央苏区空虚之际，向我赣西南地区节节推进，企图与北面的蒋军合击红军。

这时，毛泽东与红一方面军首长决定集中一、三、五军团的兵力消灭来犯的粤军。

7月8日下午，红五军团董振堂接到命令后，率军击溃粤军两个团。

敌人退至水口布防，由于天色已晚，红五军团停止进攻，双方隔河相对。

9日，敌人增援部队六个团由南雄悄悄进抵水口，加上原先的四个团，敌军兵力骤增至十个团。而红五军团没有察觉，仍将敌人当成四个团来打。

夜里，董振堂在指挥部内召开作战会议，对次日的战斗作了详细的部署："今天我们成功地将敌人拦在水口，红一军团正在行军途中，离此地还有两天的路程。我们要设法拖住这股敌人，不要让他们跑了！"

第二天拂晓，敌人仗着猛烈的炮火向我军前沿阵地扑来，战斗异常激烈。红军将士英勇拼杀，反复与敌人争夺每一处阵地。战场上硝烟弥漫，尸横遍野。

敌人数次出动成团的兵力进攻未遂后，把矛头指向红三军。划归五军团指挥的红三军不善防守，几个回合下来伤亡较大，尤其是该军八师的干部伤亡殆尽，部队一度失控。三军长徐彦刚同政委、参谋长都到前线与敌人展开肉搏战，情况十分危急。

在这关键时刻，董振堂亲率警卫连增援，只见他右手挥舞大刀，左手持枪，枪刀并用，硬是将已突入阵地的敌人打了回去。

鏖战至中午，敌人毫无退意。

参谋长赵博生从十三军阵地匆匆赶回指挥所，对董振堂说："看来水口敌人不止四个团！"

董振堂说："我也这么看。先不管它，仗已打成这个样子，谁退谁吃亏。先设法拖住这股敌人，待一、三军团赶到，给他们'包饺子'!"

这时，外面警卫员跑进来报告说："敌人又进攻了!"

董振堂拿起望远镜，只见敌人漫山遍野又攻了上来。董振堂对赵博生说："敌人很凶呀。"

赵博生笑了笑说："你没听说过'湘军如虎，粤军似狼'吗？"

董振堂说："咱们这次要逮住这条恶狼，狠狠揍它一顿，让它不敢再踏进苏区半步!"

说完，董振堂站起身来要走。赵博生将手一拦道："上哪儿去？"

董振堂望着老战友，说道："三军那边伤亡很大，我必须去那边看看。"

赵博生再次拦住董振堂："上午的事我已经知道了，你是军团总指挥，那样拼是不对的。现在你哪儿也别去，三军那边由我带队增援!"

董振堂摇头说："你戴着眼镜，目标太大，别与我争了!"

赵博生擦了擦眼镜，对身边的警卫战士说："听着，给我看好总指挥，不许他踏出指挥所半步!"

说完，赵博生带着几个参谋匆匆向三军阵地

跑去。

董振堂仍要出去，几个警卫员将他拦住。董振堂刚要发怒，警卫排长马金福流泪说："总指挥，参谋长交代过，您一上阵地准在第一线，太危险了，不许您这样干了。"

董振堂是条汉子，见马金福流泪相劝，只得作罢。

下午的战斗更加激烈，敌人像汹涌的潮水一样，丝毫不给红五军团一点喘息机会。

赵博生在三军阵地上亲自指挥战斗，左臂中弹后，仍坚持指挥，不下火线。

激战一直持续到晚7时，粤军才停止进攻。

董振堂急切地赶到前线，找到担架上的赵博生，小心地察看了伤势，深情地说："老赵，好好养伤。战线已经稳定下来，陈毅同志已率独三、六师赶过来了！"

医护人员将赵博生送往后方，董振堂这才松了一口气。

第二天拂晓，粤军又开始进攻了。在独三、六师的配合下，董振堂指挥部队利用浈江两岸的有利地形，给敌人以沉重的打击。

第三天，毛泽东亲率红一军团和红十二军赶到水口，到五军团指挥所召开作战会议。听完董振堂的汇报后，毛泽东又视察了敌我两军的态势，决定由林彪率领红一军团增援南岸的红三军，红十二军增援浈江北岸的十三军，同时命令各部到达指定位置后马上出击，不给敌人以喘息的机会，要坚决彻底地消灭敌人。

送走毛主席后，董振堂开始了紧张的战前部署。

第二天，在两路红军排山倒海的攻势下，粤军支持不住，开始溃退。

水口一役共击溃粤军二十个团，毙敌三千余人。据战后统计，仅阵地前被红五军团指战员用大刀砍死的敌人尸体就有上千具之多。

此役沉重地打击了粤军，打得粤军再也不敢与红军为敌，从而彻底稳定了中央苏区的南翼。但红军损失也十分惨重，仅红五军团三军就伤亡团级干部七名、战士一千余名。

时任红五军团政治部宣传干事的黄镇回忆说："英勇的红五军团与数倍于我军的粤敌精兵二十个团血战三天三夜。狭窄的一条滧水血流成河，到处是尸体和受伤的战士，山谷里杀声震天，尘埃蔽日。"

时任红一军团政治委员的聂荣臻回忆说："水口战役是著名的恶仗，双方伤亡之大，战场景象之惨烈，为第二次国内革命战争时期所罕见。尸横遍野，对于这次战斗来说，并不是过甚其词。"

→ 勇战王牌师

（38 岁）

1932 年年底，国民党周浑元部第十三旅进至黄狮渡地区，使苏区随时受到威胁。

中革军委决心消灭这股敌人，拔掉这颗钉子。

12 月 31 日，朱德、周恩来、王稼祥下达作战命令："消灭黄狮渡敌人，红三军团为第一梯队，担任消灭黄狮渡地区之敌的任务；红一军团为第二梯队，策应红三军团；红五军团担任钳制南城之敌李云杰的二十三师和周至柔的十四师的任务，配合黄狮渡地区红军作战。"

1933 年 1 月 4 日，战斗正式打响。

在这次战役中，红一方面军干脆利落地歼敌两个师，毙俘敌官兵一万余人，缴获大炮四十余门，轻、重机枪三百多挺，其他枪支一万余支，还有大批银元和军用物资，取得了空前的胜利。

黄狮渡大捷使红一方面军士气大增，军民一片欢腾。

蒋介石的爱将陈诚一下丢了两个师，气得几乎发疯。他不甘失败，决心与红军决一死战。但胜利后的红军很快消失得无影无踪，陈诚无计可施，只好派出他的王牌师——十一师，将"分进合击"的作战方针改为"中间突破"，企图占领广昌，诱使红军主力与之决战。

为了惩治陈诚，中革军委进行了周密的部署。

接到作战命令后，董振堂率部于20日夜进入指定进攻位置。21日拂晓，总攻开始了。

敌十一师是陈诚起家的队伍，号称全军之冠，战斗力极强，可谓蒋介石嫡系部队中的主力，从未打过败仗。

战斗从一开始即呈白热化，双方为每一个阵地、每一处制高点展开了你死我活的争夺。

战至下午，数架敌机赶来助战，不停地在我主力集结处俯冲轰炸。

突然，一颗炸弹落在红一军团指挥所附近，将正在写作战命令的林彪、聂荣臻掀到山坡下面去了。幸好两人没有负伤，但作战难度更大了。

在此关键时刻，红五军团在董振堂的率领下一举突破敌军防御阵地，将国民党十一师的环形防御体系撕开了一个缺口，敌人开始全线动摇。

战至黄昏，蒋介石的这个王牌师大部被歼，红军缴枪五千多支。

在这次战役中，董振堂指挥若定，红五军团战功卓著。

红五军团的指战员英勇顽强，能攻善守，尤其擅长用马刀拼杀。雪亮的马刀杀得敌人胆战心惊，丢盔弃甲。蒋介石的王牌师在红五军团面前打了第一次败仗，也是最后一次败仗，从此它便不存在了。

消息传到南京，蒋介石如丧考妣，在给陈诚的手谕中写道："此次挫失，惨凄异常，实有生以来唯一之隐痛。"

至此，蒋介石精心布置的第四次"围剿"就这样以惨败而告终。

红一方面军第四次反"围剿"胜利后，中央

▽红一方面军打退了国民党军队的第二次"围剿"。图为行军中的红军。

苏区拥有三十多个县，地跨赣、闽、湘、粤四省五万平方公里的土地，人口近三百万，红军主力扩大到近十万人，中央苏区的发展进入了全盛时期。

第五次反"围剿"

（39岁）

    1933年初，上海的临时中共中央迁到了中央根据地。

    1933年9月，第五次反"围剿"开始了。以博古为首的临时中央被第四次反"围剿"的胜利冲昏了头脑，又有万里迢迢请来的苏联军事顾问李德做后盾，竟排斥红军历次反"围剿"的正确战略方针和作战原则，实行"左"倾冒险主义，提出"御敌于国门之外"的方针，企图以阵地战、正规战在苏区之外拒敌，保住苏区的每一寸土地。在军事指挥上，博古罢免了毛泽东，也不重用朱德、周恩来、刘伯承等人，而让李德执掌红军的指挥权。

在第五次反"围剿"中，董振堂依照博古下达的作战命令，率红五军团连续作战达两个月，不仅没有打退敌人，反而丢失了一些阵地，部队疲惫不堪。在敌人碉堡密布的阵地前，五军团的进攻十分被动，部队伤亡惨重。

"左"倾冒险主义那种与敌人硬碰硬，完全抛弃红军灵活多变的战略战术的错误原则，令董振堂感到十分头痛。

1933年10月26日，董振堂毅然向中革军委发电，以部队严重减员为由，果断地撤出了战斗。

坚持"左"倾路线的临时中央把一系列的战斗失利归罪于各军团的领导人，尤其是红五军团领导人。他们毫无根据地批评五军团里存在"反革命小宗派"、"第三党"。在敌人大军压境的紧要关头，竟派出大批保卫局人员到红五军团搞肃反，弄得部队人心惶惶。

主力红军在北线连连受挫后，中共临时中央和中革军委又由军事冒险主义转为军事保守主义，采取消极的防御作战，要求红军处处设防，节节抵御，与敌人进行正规的阵地战，与敌人拼消耗，迟滞敌人的进攻，以此抵御敌人的第五次"围剿"。

这样又打了一段时间，结果处处陷于被动。

恰在这时，国民党第十九路军发动了福建事变，通电反蒋，在福建宣布成立中华共和国人民政府。

蒋介石闻讯，立即改变军事部署，从进攻苏区的部队中抽调 11 个整师，用于对付福建的十九路军。

在此大好时机，毛泽东及时提出建议："主力红军应在此时突进到以浙江为中心的苏、浙、皖、赣地区，纵横驰骋于杭州、苏州、南京、芜湖、南昌、福州等地之间，将战略防御转为战略进攻，威胁敌人的根本重地，向广大无堡垒地带寻求作战。用这种方法迫使敌人回援，在运动中消灭敌人，从而粉碎敌人向根据地的进攻，并援助福建人民政府。"

彭德怀也致电红一方面军总政委并转中央领导人博古："留红五军团保卫中央苏区，集中一、三、七、九军团向闽浙赣边区进军，依托方志敏、邵式平根据地威胁南京、上海、杭州，支援十九路军，推动抗日运动,破坏蒋介石的第五次'围剿'。"

不料，"左"倾领导者实行关门主义，拒不采纳毛泽东和彭德怀的正确建议，仍把主力红军从东线调到西线去进攻敌人的堡垒，让十九路军孤军作战，使红军丧失了粉碎第五次"围剿"的最佳时机。

蒋介石以重兵围剿十九路军，面临危亡的福

建中华共和国人民政府曾多次要求红军给予军事上的支援，但"左"倾中央无动于衷。

1934年1月，蒋介石镇压了十九路军之后，腾出手来大举进攻中央苏区，集中二十多个师分三路向苏区扑来。

博古、李德等人不懂军事，仍命令红一方面军在各城、镇、村及交通要道构筑碉堡，处处设防，并主动攻击敌人。

五军团自第五次反"围剿"以来，一直在前线作战。在黎川通向苏区的德胜关同优势的敌军展开堡垒阵地战时，所赖以阻击敌人的只不过是一些临时掩体，根本经不起敌军炮火的轰击。但董振堂凭着对党的一片忠诚，率领五军团与敌军进行了殊死奋战，节节迟滞敌人的进攻。

在敌人飞机、大炮的轰击下，五军团遭受了巨大的损失。在一些以连、排为单位固守的支撑点上，半数官兵在敌人的进攻中与支撑点共存亡了。

第一方面军总参谋长刘伯承对此十分焦急，向李德提出必须终止这种不切实际的军事指导方针，否则红一方面军将有被葬送的危险。

李德听后勃然大怒，告到博古那里，要撤掉刘伯承的职务。不久，刘伯承便被贬到红五军团担任参谋长。

4月上旬，敌人集中十一个整师，沿抚河东、西两岸向苏区的北大门广昌发起进攻，拉开了广昌保卫战的序幕。

博古提出了"为着保卫广昌而战，就是为着保卫中国革命而战"、"拒敌于国门之外"、"决不放弃苏区寸土"等战斗口号。

李德下令红军在广昌摆出红军最强的阵容，五军团和一、三军团一字排开死守广昌，与近十万敌军抗衡。

广大红军指战员凭着顽强的革命精神和血肉之躯，硬是与敌人七个精锐师加一个炮兵旅血战十八天。

十八天后，广昌失守，英勇的红军将士虽给敌人以重大杀伤，但自身也伤亡近六千人。

广昌失守后，董振堂又将部队后撤到地势险要的建宁，继续执行阻击任务。

广昌战役后不久，国民党兵分六路向苏区中心区域全面推进。博古、李德等"左"倾领导者也把主力红军分成六路，实行"六路分兵"、"全线抵御"的错误方针。他们想处处设防，却防不胜防。

建宁是中央苏区阻挡敌军进犯的重要屏障，蒋介石为了打开通向中央苏区的这座大门，将其嫡系陈诚部调来参战。

五军团在董振堂的率领下，配合红一、九军团，依托建宁一带的险要地形，顽强地阻击敌人达半年之久。

五军团在第五次反围剿中打得很出色，连林彪和彭德怀都十分佩服。

在整个第五次反"围剿"中，五军团自始至终都在拼死抵抗敌军，打出了五军团的威风。

8月5日，敌北路军集中九个师的兵力，在飞机、大炮的强大火力配合下，向红军发动进攻。五军团与一军团并肩作战，硬是凭步枪、机枪、手榴弹、大刀将敌八十九师打得丧失了战斗力，不得不退出战斗。

第三天，敌人又换上新的部队继续进攻。

担负正面防御的三、五军团相互协同，一直坚持到8月28日。

这时，因伤亡过于惨重，形势越来越危险，为了保存实力，红军不得不进行战略转移，开始了二万五千里长征。

长征路上

（1934—1936）

延寿阻击战

（39 岁）

　　1934 年 10 月 10 日，红一方面军主力开始突围，进行战略大转移。

　　参加此次突围的红军主力有红一、三、五、八、九五个军团及中共中央、中革军委机关，总人数共八万六千余人。

　　当时，五军团的编制如下：军团长董振堂，政治委员李卓然，参谋长刘伯承，政治部主任曾日山，中央代表陈云。全军团下辖十三师和三十四师：十三师师长陈伯钧，政治委员李雪三，参谋长孟焕章；三十四师师长陈树湘，政治委员程翠林，参谋长王光道。

　　红五军团共有 12168 人，担任整个长征队伍的后卫。因为在长征路上立下了赫赫战功，所以获得了"铁流后卫"的光荣称号。

△ 中央红军长征出发地之一——江西瑞金武阳围渡口

在长征途中，红五军团在多次阻击战中发挥了重要作用，保卫了党中央，保护了红军。

1934 年 10 月 18 日，红五军团从于都出发，踏上了漫漫征途。

作为全军的总后卫，五军团的掩护任务极其艰巨。在突破敌人前三道封锁线的战斗中，由于敌人多采取不拦头、不斩腰、只击尾的作战方针，五军团经常要打退数倍于己的追兵，摆脱纠缠后还得赶上主力。

五军团在董振堂的指挥下，在延寿打了一场漂亮的阻击战。

当时，中央纵队刚通过第二道封锁线向西挺进，尾追的湘军和粤军便从后面猛扑过来，企图吃掉我军后勤的辎重部队。

情况万分紧急，董振堂与刘伯承商议后，决定由刘伯承率十三师在百丈岭一带构筑工事，阻击湘军；董振堂率三十四师在南面的延寿阻击粤军。

由于地形险要复杂，红军后勤部队的辎重拥阻于延寿以西的山间小道上，行动十分迟缓。大批敌人追踪而至，险象环生。

五军团的两个师拼死阻击敌人，掩护后勤部队，保护辎重，不怕牺牲。

粤军十分猖獗，向延寿江边的红三十四师阵地发起了猛烈的进攻。双方为每一处阵地、每一处制高点展开了你死我活的争夺，一个个都杀红了眼。

打到下午时，江边的制高点青石寨被粤军占据了。

这个极其重要的制高点被敌人控制后，整个红军防线发生动摇。董振堂了解情况后，决定不惜一切代价夺回它。

董振堂组织了一支突击队，亲自端着冲锋枪冲在最前头，硬是杀开一条血路，将敌人赶下去，夺回青石寨，稳定了整个防线。

第二天拂晓，敌人开始炮击，阻击阵地淹没在猛烈的炮火之中。

炮击一停，粤军冲了上来，但很快被红军打了下去。接着，粤军又冲上来，又被红军打了下去。

战壕得而复失，失而复得，双方展开了拉锯战，喊杀声震天动地，一场白刃战开始了。

董振堂抡起大刀，施展平生武艺，率领红五军团打退了敌人一次又一次的进攻。

这样的血战一直持续了三天三夜。

11月13日黄昏，后勤部队终于脱离险境，红五军团胜利地完成了阻击任务。

董振堂命令全军迅速撤离战场，于第二天追上了大部队。

➡ 湘江血战

★★★★★

（39岁）

延寿大捷后，中央红军又成功地突破了敌人的第三道封锁线。

蒋介石本想把中央红军围歼于中央根据地之内。而现在，红军不仅跳出他精心布置的口袋阵，而且正一步步地向活动于湘西的红二、六军团靠拢。

蒋介石心急如焚，立即调动湘军和桂军

在零陵至兴安之间近 150 公里的湘江两岸配置重兵，构筑碉堡，设置了第四道封锁线。

蒋介石亲率国民党中央军周浑元部及部分湘军在后面追击，以为定能将红军全歼于湘江和潇水之间。

1934 年 11 月 25 日，中革军委下达了抢渡湘江的命令。

红一军团先头部队于 11 月 27 日赶到界首，占领了这一湘江上的重要渡口，控制了界首以北 30 公里的湘江两岸。这时，如果红军要渡江，那将是轻而易举的，但军委纵队刚到达距渡口近 80 公里的桂岩地区。由于中央纵队和军委纵队行动太慢，贻误了安全的渡江时机。

中央纵队和军委纵队于 11 月 26 日走了 8 公里，于 27 日走了 6 公里，于 28 日走了 28 公里，于 29 日走了 32 公里。这样，足足用了四天时间才走到湘江之滨。

中央纵队和军委纵队到达湘江之滨时，围追堵截的敌人刚好已经进入湘江之滨的阵地了。

原来，博古和李德想将中央苏区整个搬到湘西去，突围前雇了几千名挑夫，绑了三千多副挑子，兵工厂拆迁一空，工厂都卸走机器，凡是值钱的东西都装在骡子和驴子的背上带走，组成了庞大的运输队。需要七八个人抬的石印机和需要十几个人抬的大炮底盘也舍不得丢下。在山间羊肠小道上行走，这样的队伍怎能加快行军速度呢？

红五军团作为全军的总后卫，在连续突破三道封锁线的战斗中，不仅很好地完成了全军的掩护任务，而且基本上没有受到损失。但是，这次过湘江就不同了，董振堂感到了一种前所未有的压力。

根据中央"掩护部队应不顾一切阻止及部分地扑灭尾追之敌"的命令，董振堂率部与国民党军队在湘江之滨展开了残酷的血战。

五军团十三师三十七团在文市东南与敌人二十三师展开了激战。敌人一批又一批发起集团冲锋，三十七团依托大路两边的小山头顽强阻击，多次粉碎了敌人的进攻。

第二天清晨，敌人后续部队源源不断地开过来，黑压压的一大片，聚集在远处的树丛后，准备新一轮的进攻。一排排的敌人猫着腰，在军官督促下向红军扑来。

三十七团团长王彦秉大声向战士们喊道："不要急，把敌人放近了打！"

团政委谢良也高呼道："同志们！誓死保卫党中央，誓死捍卫苏维埃！我们是不可战胜的！"

敌人进入一百米以内时，王团长大喝一声："打！"

机枪、步枪、手枪、手榴弹一齐向敌人开火，敌人被打懵了。前几排敌人纷纷中弹倒地，后面的敌人则仓皇溃逃，整个进攻队形全乱了。

谢良跃出战壕，手枪一挥，大喊道："同志们，冲啊！"

战士们纷纷跃出战壕，随着政委向逃敌追去，直把敌人赶到一千多米以外。这时，他们才回到阵地前搜集敌人尸体上的弹药，静候敌人下一次进攻。

没过多久，敌机飞来，对我军前沿阵地猛烈轰炸，守在前沿阵地的观察哨大都牺牲了。

敌人蜂拥而来，王团长挥舞着手枪大声喊道："同志们，敌人上来了，快进入阵地！"

战士们在王团长的召唤下，很快进入战壕。谢政委找来几个神枪手，手指敌人说："瞧见那几个端着轻机枪在后面督战的军官没有？给我打掉他！"

随着几声枪响，敌人的督战官接连倒地，敌人退下去了。

11月29日，湘军和桂军向正在渡江的红军发起进攻，两岸的红军战士为掩护党中央安全过江，与优势的敌军展开了殊死决战。

在红军的阻击阵地上，炮弹和重磅炸弹的爆炸声不绝于耳，许多来不及构筑工事的战士被震昏，耳鼻流出了鲜血。

红军用血肉之躯抵挡敌人的进攻，"保卫中央纵队安全渡江"的口号声响彻阵地上空。

12月1日，战斗达到白热化程度，敌人发动了全线进攻，企图夺占渡口，全歼我军于半渡中。

红五军团在董振堂的指挥下，硬是用刺刀、手榴弹打垮了敌军整连、整营的一次次进攻，湘江两岸洒下了无数红军将士的鲜血，渡口始终牢牢地掌握在红军手中。

　　在董振堂的掩护下，中央机关和红军大部队终于渡过了湘江。

　　战前，红五军团有第十三师、第三十四师两个战斗师，兵力约一万一千人。当他们掩护中央和红军主力渡过湘江后，第三十四师被敌军重重包围在湘江东岸，无法过江，全部牺牲了。

　　在道县保安团的阻击下，第三十四师师长陈树湘因重伤不能行走，不幸被俘了。当敌人发现被抓住的是红军师长时，一个个大喜过望，忙用绳子把身负重伤的陈树湘捆在担架上，准备抬

▽《红军过湘江》宣传画（黄镇作）

到县城去领赏。

这时，陈树湘已经昏迷过去。夜里，他被担架颠醒后，用颤抖的双手悄悄撕开腰间的绷带，用手伸进伤口扯出自己的肠子用牙咬断，再将肠子抛到路上。

黑暗中，敌人感到路上有什么黏滑的东西缠住了脚。当敌人停下来检查时，陈树湘已经牺牲了。

董振堂闻讯后，流下了沉痛的眼泪。

董振堂所率红五军团以惨重的代价为红军抢渡湘江作出了卓越的贡献，一个军团损失了一多半指战员。

这种惨重的代价唤醒了红军官兵，从而为遵义会议奠定了思想基础。

遵义会议前后

★★★★★

（40 岁）

中央红军突破湘江后，进入广西北部的西延山区。

敌人判断我军将由西延山区去湘西与红二、六军团会合，便立即调整部署，布置好了口袋阵。

在这种情况下，我军如果仍旧北出湘西，势必与严阵以待的敌人遭遇，会有全军覆灭的危险。

可是，博古、李德等人不顾当时的严峻形势，一味坚持同红二、六军团会合的原定计划。

1934 年 12 月 18 日，在黎平召开了中央红军长征以来的首次中共中央政治局会议，参加会议的有博古、李德、周恩来、张闻天、朱德、毛泽东、王稼祥等。

会议经过激烈争论，肯定了毛泽东提出的避敌锋芒，西进敌人兵力薄弱的贵州的正确主张，对博古、李德等人坚持的"与红二、六军团会合"的行动方针进行了批评，从而挽救了红军。

1935年1月3日，红军成功突破乌江天险，于7日攻占遵义城。

1月15日至17日，中共中央政治局扩大会议在遵义原黔军二师师长的公馆里召开，这就是著名的遵义会议。

参加会议的政治局委员和候补委员有毛泽东（中华苏维埃共和国临时中央政府主席）、朱德（苏维埃军委主席、红军总司令）、周恩来（苏维埃军委副主席、红军总政委）、王稼祥（苏维埃军委副主席、红军总政治部主任）、张闻天（中华苏维埃共和国临时中央政府人民委员会主席）、陈云（全国总工会党团书记）、刘少奇（全国总工会委员长）、秦邦宪（即博古，中共中央总负责人）、邓发（中华苏维埃共和国国家政治保卫局局长）、何克全（即凯丰，共青团中央书记）。

参加会议的还有刘伯承（红军总参谋长）、聂荣臻（红一军团政委）、林彪（红一军团军团长）、李富春（红军总政治部代主任）、彭德怀（红三军团军团长）、杨尚昆（红三军团政委）、李卓然（红五军团政委）、邓小平（中共中央秘书长）、李德（共产国际军事顾问）、伍修权（翻译）。

会议由博古主持，他首先在会上作了关于第五次反"围剿"的总结报告。他在报告中极力为"左"倾冒险主义错误辩护，说第五次反"围剿"失败的原因主要有两个方面：一是敌人力量强大，二是根据地政府和各级组织对战争支持不够。

周恩来作了副报告，主动承担了一些责任。

接着，会议围绕第五次反"围剿"的失败展开了讨论。

毛泽东作了长篇发言，集中讲了当时最迫切的军事问题，批判了"左"倾机会主义者在军事上的错误。他说："如果说敌人力量强大，为什么第一、二、三、四次反'围剿'取得了胜利？"

毛泽东列举了大量事实，说明根据地的政府和群众对反"围剿"是大力支持的，驳斥了博古关于根据地政府和群众支持不够的说法。

王稼祥发言同意毛泽东的意见，并表示拥护由毛泽东来领导红军。

张闻天发言同意毛泽东、王稼祥的意见，并且强调指出："在目前这种险恶的情况下，只有毛泽东同志出来领导红军才有可能打破敌人的围追堵截。"

周恩来发言明确提出要撤换博古的领导职务，建议毛泽东同志出来领导红军。

李富春、聂荣臻、朱德、刘少奇、陈云等也

在会上发言支持毛泽东的正确意见，赞成王稼祥、张闻天、周恩来的建议，同意撤换博古的领导职务。

博古没有承认自己的错误，凯丰不同意大家的意见，李德拒绝大家对他的批评。

会议经过激烈争论，根据多数人的意见，决定根据毛泽东发言的内容，委托张闻天起草《中央关于反对敌人五次"围剿"的总结决议》。这个决议起草后，于2月8日政治局会议上通过。2月16日，中央印发了这个决议。

《决议》否定了博古的报告，认为它基本上是错误的。《决议》列举了大量事实，说明红军在主观上、客观上均具备粉碎第五次"围剿"的条件，明确指出反"围剿"失败的主要原因是军事上的单纯防御路线。在敌人采用持久战与堡垒主义的战略战术的情况下，我们的战略战术应该是攻势防御，集中优势兵力选择敌人的弱点，在运动中有把握地消灭敌人的一部或大部，以各个击破敌人。然而我们却以专守防御代替了决战防御，以阵地战、堡垒战代替了运动战，并以所谓"短促突击"的战术原则来支持这种单纯防御的战略路线，以分散兵力的作战方针代替集中兵力的作战方针，违背了我军战略上持久、战术上速决的基本原则。放弃诱敌深入的方针，而"御敌于国门之外"，结果造成严重损失，使红军不得不退出中央苏区。

遵义会议结束不久，陈云同志来到红五军团传达会议精神。听完陈云的传达报告后，董振堂欣慰地说："这下好了，咱们红军有救了！"

自长征以来，董振堂还是第一次这样激动和高兴。

同一天，中革军委颁布整编命令，全军进行缩编。红一军团缩编为两个师六个团，红三军团缩编为四个团，红五、九军团各编为三个团。

部队整编后，战斗连队得到充实，机动性和战斗力大大增强了。

红军进至黔北后，为了摆脱被动局面，毛泽东决心打一场大仗。根据敌情，他果断决定以红五军团在北面的良村、双龙场一带阻击四川追敌；以红一、三军团和干部团夺取桐梓、娄山关，重占遵义城。

实施这次战役的关键是担负后卫任务的红五军团能否顶住北面的强敌。接到命令后，董振堂决定由三十七团去完成这一艰巨任务。

当听到主力红军准备在娄山关和遵义打一场大仗，而且是毛泽东亲自指挥时，战士们的情绪空前高涨，一个个高兴极了，对完成这一艰巨的阻击任务充满了信心。

部队进入指定位置后，四川军阀刘湘就率装备精良的教导师开过来，分四五路向红军发起猛攻。

红三十七团不畏强敌，沉着应战，以运动防御的战术边打边退。

第三天一大早，敌人兵分数路，又开始了进攻。

三十七团凭着有利的地形将敌人打退，在反冲锋时抓回来几名俘虏，得知敌人的兵力是三个旅九个团。

　　在以后的作战中，三十七团采取了声东击西的战法，逐步将敌人引到温水方向去。

　　当敌人得知对面的红军仅有一团兵力时，已经是第七天了。

　　在这长长的七天中，红三十七团在北线牢牢地牵制住了强敌，胜利地完成了任务。

　　随后，三十七团巧妙地摆脱敌人，于三日后归还建制。

　　主力红军利用这段时间，胜利地实施了遵义

▽ 遵义会议会址

战役。

接着，在毛主席的正确领导下，中央红军四渡赤水，成功地把十几万国民党追兵甩在身后。

→ 石板河阻击战

★★★★★

（40岁）

1935年4月底，中央红军趁滇北敌军防守空虚，决定兵分三路，从三个渡口同时渡过金沙江。

金沙江是长江的上游，在四川宜宾和岷江汇合后始称长江。金沙江穿行在川滇边界的深山峡谷间，江面宽阔，水急浪大。如果红军过不了金沙江，就有被敌人压进深山峡谷、全军覆灭的危险。

当红军大队人马向金沙江挺进时，蒋介石恍然大悟，这才知道红军的目的既不在贵阳，也不在昆明，而是要渡金沙江北上四川。

1935年4月28日，蒋介石命令滇军控制金沙江渡口，毁船封江；还命令各路大军尾追红军，将红军消灭在金沙江南岸。

为了阻击追敌，董振堂的红五军团奉命负责掩护军委纵队从中间的渡口皎平渡渡江。按照这个部署，红五军团在江南岸的石板河一带阻击敌人三天便可撤防。

石板河河床上到处是平躺着的巨石，从岸上看过去就像一块块大石板铺在河床上，故称石板河。那里有个小村子，称石板河村。村子背靠大山，山后五十公里处便是皎平渡。

因为山后是一马平川，无险可守，所以石板河阵地极其重要。

五军团接到中革军委的命令后，当天即开到石板河布防。

董振堂一到石板河就仔细察看地形，对随行人员说："虽然有大批敌人追赶我们，但这没有什么了不起。我们可以采取节节布防抵御的办法阻击敌人，这些大山会帮我们大忙的。"

回到军团指挥所，董振堂命令三十九团为第一梯队，布防于最前面的坎邓村附近；三十七团为第二梯队，布防于石板河后面的大山上；三十八团为预备队，随军团总部驻守石板河村。

5月6日，敌十三师先头部队追到坎邓村外，被三十九团一个突袭打得抱头鼠窜，逃回二十里外的团街去了。

第二天，敌人在飞机、大炮的掩护下反扑过来。三十九团官兵且战且退，渐渐把敌人引到三十七团的阵地前。

三十七团战士耐心地将敌人放到百米之内，然后机枪、步枪一顿狠打，打得敌人鬼哭狼嚎地逃下山去。

这时，团政委谢良手枪一挥，大声喊道："追啊！"

全团应声而出，将敌人赶出很远很远。

三十七团官兵同仇敌忾，将敌人十三师死死地挡在石板河之外。

战斗打了两天两夜，红军战士越战越勇。

第三天，红军总政治部代主任李富春匆匆赶到石板河，传达军委的紧急指示。

董振堂立即在军团部召开团以上干部会议，李富春传达说："全军原准备从三个渡口渡过金沙江，不料三军团在驿江因水流太急，架设的浮桥被洪水冲垮，只渡过去一个团。一军团在龙街因江面太宽，容易受敌机袭击，不能从那里渡江。现在，只有中间一个皎平渡能够通船。因此，军委命令第一军团沿江而下，第三军团沿江而上，都改从中间的皎平渡渡江。在这唯一的渡口前，江面有六百米宽，流速每秒四米，江边几万人马就只能靠仅有的七条船渡江。我来时，部队正在抢渡，至少需要七天时间，因此中央不得不要求你们在此坚守九天九夜！"

说完，李富春抬起头来望着大家。董振堂

站了起来，毫不犹豫地说："我们五军团坚决完成阻击任务！"

李富春又说："任务极其艰巨，你们只有三个团，而敌人是你们的十几倍。我来时，毛主席要我转告你们，中央相信你们能够完成这项艰巨而光荣的任务，希望你们发扬红军以一当十，以十当百的战斗精神，为革命再立新功！"

董振堂声音洪亮地号召说："同志们！北面是金沙江，南面是敌人，我们是背水一战。任务完成的好坏直接关系到全军的安危，大家回去后要做好政治动员，号召部队一定要守住阵地，做到人在阵地在，决不让一个敌人靠近军委纵队。我们要用鲜血和生命来保证党中央和主力部队胜利渡江！"

会后，大家立即分头下到连队进行战斗动员，战士们的情绪空前高涨。

第二天一早，敌人又进攻了。

五军团在董振堂的率领下，依托石板河周围的一道道山梁沉着还击，打退了敌人一次又一次的进攻。

第五天，敌人两个纵队云集山下，而我军已经退到最后一线阵地，形势异常严峻。

由于敌人的炮火十分凶猛，董振堂下令在每个山头只留一个排或一个连担任守卫，各团首长带领机关干部亲临每个山头指挥，与战士并肩战斗。

打到第六天，敌人在阵地前弃尸数百具，却再也难以向前推进半步。

这天下午，敌人的炮击又开始了。

战士们迅速隐蔽到山背面，以减少伤亡。当敌人炮火一停，步兵开始冲锋时，各个山头上又出现了红军。一排排手榴弹在敌群中开花，一块块石头从山头滚下，打得敌人鬼哭狼嚎。

残酷的阻击战一直打到第八天。虽然敌人轮番使用兵力，整连整营地疯狂进攻，却始终未能踏过石板河半步。

这天上午，接到中革军委电令："五军团阻击任务已完成，迅速组织渡江。"

原来，1935年5月3日，军委干部团的同志们接受了抢夺皎平渡的任务。他们二话未说，翻山越岭日夜兼程急行军180里，当天夜里就到了金沙江边。在渡口，他们幸运地找到了一条船。这条船是敌人送探子来南岸探查情况用的，探子不知跑到哪里去了。后来，他们又在当地农民

▷ 皎平渡

的协助下从水里捞上一条破船，用布把漏洞塞好。红军乘坐这两条船悄悄渡过江去，敌人的哨兵以为探子回来了，没有在意。红军来了个突然袭击，一举消灭一个连正规军和一个保安队，控制了皎平渡。后来，他们又找到五条船，动员了36名艄公。从5月3日至9日，在七天七夜时间里，红军主力就靠这七只小船从容地渡过了金沙江。

几夜没合眼的董振堂接到军委电令后，如释重负，立即命令军团部、三十九团先撤下来向江边转移，留下三十七团和军团侦察连交替掩护，阻击敌人，完成任务后迅速渡江归队。

三十七团在团长李屏仁、政委谢良的带领下，面对越来越多的敌人沉着应战，一直坚守到第九天傍晚。然后，他们迅速撤出阵地，冒着倾盆大雨急行军90里，于第二天黎明全部渡过了金沙江。

石板河阻击战是红军长征途中一次著名的阻击战。在极端困难的情况下，红五军团扼守阵地九天九夜，硬是将几万追敌挡在石板河以外，为主力红军安全渡过金沙江天险赢得了宝贵的时间，为长征胜利立下了汗马功劳。

➡ 夹金山阻击战

★★★★★ （40 岁）

红一方面军北渡金沙江后，按照中革军委的决定，以红三军团、干部团围攻会理城，其余部队在会理地区进行短期休整。

1935 年 5 月下旬，全军通过彝民区，开始向大渡河挺进。

两路红军在大渡河北岸会师后，进入四川雅安地区。

红五军团作为红军的总后卫，最后来到夹金山下的宝兴县境。

夹金山海拔四千多米，山上终年白雪皑皑，空气稀薄；气候变幻无常，时阴时晴，忽而狂风怒吼，忽而冰雹骤降；山上荒无人烟，没有道路。当地百姓称夹金山为"神山"，说人过山时如果触怒了山神，不是被冰雪埋葬，就是被狂风卷走。

红军来到山下，缺衣少粮，极度疲惫。但是，只要翻过这座雪山，就能与红四方面军会合。因此，转战数月的红军指战员情绪空前高涨，鼓足勇气要翻过它。

中央命令五军团在山下的盐井坪构筑工事，阻击尾追之敌，掩护全军翻越夹金山。

董振堂接到命令后，把艰巨的阻击任务交给了三十七团。团长李屏仁是随董振堂宁都起义过来的老部下，谢良则是红军长征前即在三十七团工作的老政委。

董振堂十分倚重李屏仁和谢良，常夸他俩说："有屏仁、谢良在，三十七团吃不了亏！"

这次，董振堂语重心长地叮嘱说："阻击任务十分艰巨，你们只有一个团，而敌人是你们的数倍。切记完成任务的同时要保持体力准备过山，要多准备点辣椒、生姜、粮食，过山时用得着。完成任务后撤退时要组织好交替掩护，我们在山那边接应你们。"

李屏仁、谢良带着三十七团来到山脚下的盐井坪，一面向村里的群众宣传党的政策，一面在村外构筑工事。当地群众热爱红军，村里一位年轻猎人主动要求在他们完成阻击任务后上山时给他们做向导。

大队红军陆续向大雪山挺进，盐井坪这个山谷渐渐又恢复了往日的宁静。

第三天一大早，尾追的敌人冲上来了。

团长李屏仁吩咐战士尽量把敌人放近点打，要稳、准、狠。

敌人开始时还猫着腰低头前进，后来见没什么动静，便直起身子向村子冲锋了。

随着李团长一声大喊，机枪、步枪、手榴弹一起开火，前几排敌人纷纷被打倒，后面的敌人急忙抱头鼠窜了。

李团长举起马刀，率领战士冲出战壕，把敌人赶出几百米开外才回到阵地，准备迎接敌人的下一次进攻。

这一天，敌人向红军发起数次进攻。敌人的攻势虽然凶猛，但都被三十七团指战员打退了。敌人死伤无数，一筹莫展。

第四天，敌人在村外挖了战壕，与红军对峙起来。

这样，三十七团在盐井坪阵地坚守了五天。

第五天，军团首长来电说："在夹金山那边，红一、四方面已胜利会师，你们已完成掩护任务，应立即北上。"

战士们听到这个消息后，兴奋得在阵地上欢呼起来。

这情景让对面的敌人丈二和尚摸不着头脑，

更不敢向红军进攻了。

在李屏仁、谢良的率领下，三十七团于次日凌晨撤出阵地，急行军70里，赶到夹金山下。在那里休息一整天后，在向导的带领下开始翻越夹金山。

高耸入云的大雪山极难攀登，越往上爬越吃力，气温也越来越低，还渐渐下起了大雪。

这时节，战士们还都身着单衣。上山后，一个个冻得浑身发抖。许多战士的脚被冰棱割破，流出鲜血，立即冻结成冰，硬邦邦的又痛又麻，再往上走腿就不听使唤了。

战士们你帮我，我帮你，互相拉着往上爬，硬是靠着革命的信念与雪山搏、与严寒斗。

快到山巅时，战士们依稀看见许多隆起的雪堆，那是牺牲在大雪山上的红军战士。

有些人牺牲后未来得及掩埋，或坐或靠地冻在那里。

三十七团战士纷纷用有限的体力将烈士的遗体掩埋，并敬礼默哀。

过后，一些体力实在坚持不住的同志坐了下来，想休息一下。这时，向导大喊道："红军同志，可不能坐呀! 坐下去就永远站不起来了。要坚持住，要挺住啊!"

听到喊声，坐下去的同志立即警觉起来，急忙相互搀扶着站起来，继续挺进。

下午，三十七团终于翻过夹金山，在山下的一个村子里宿营。

▷ 红一、四方面军先头部队会合处——达维镇小木桥，人称"会师桥"，桥左是夹金山。

傍晚，大家正准备好好休息一夜时，李屏仁和谢良忽然接到军团首长送来的信，信中写道："奉军委命令，为保卫毛主席、党中央及掩护一、四方面军休整，你们见信后，应立即翻越夹金山，再至盐井坪一线坚守阵地，继续阻击敌人。"

看完了信，三十七团立即出发，第二次翻越夹金山，于次日傍晚抵达盐井坪。

幸运的是胆怯的敌人怕中红军的埋伏，一直待在原地未动，先前的阻击阵地还是空着的。

三十七团战士见敌人如此胆怯，一个个笑得合不拢嘴，更坚定了固守下去的决心。

三十七团又和敌人对峙起来，白天打仗，夜晚休息。敌人如不进攻，红军也不出击。这样打了一个星期，全团无一伤亡。

这时，军团电令到了，说三十七团已完成任务，可以撤出阵地，翻过夹金山了。

于是，三十七团再次翻过夹金山，来到
"会师桥"前。

军团长董振堂满面春风地站在桥边，欢
迎勇士胜利归来。

→ 南　下

★★★★★

（40岁）

红一、四方面军会师后，于 1935 年 6 月
26 日召开了著名的两河口会议。

这是会师以来的第一次政治局会议，目
的是统一思想，解决意见分歧，商讨两军会
师以后的战略方针。

周恩来先在会上作了目前战略方针的报
告，回顾了中央红军撤离江西苏区后战略方
针的几度变化，阐述了北上川陕甘建立根据
地的战略主张。

张国焘第二个发言，详细汇报了红四方

面军离开鄂豫皖根据地以后的作战情况。在谈到今后战略方针问题时，他一方面表示同意政治局关于在川陕甘建立根据地的方针，另一方面却鼓吹南下。

毛泽东、朱德、彭德怀、林彪、博古、王稼祥、刘伯承等接着发言，同意周恩来报告中阐述的战略方针。

最后，会议全体通过了北上方针。

张国焘在会上虽然举手赞成北上方针，但内心却盘算着他的南下主张。

6月29日，张国焘离开两河口，一回到四方面军总部驻地，便开始了紧锣密鼓的部署，然后致电中央，要攫取红军的指挥大权。

毛泽东接到这些电报后，意识到事关重大，当即召开政治局常委会议。

周恩来在会上发言说："张国焘的权力欲已经暴露出来，他想凌驾于党中央之上，让中央随他转。为顾全革命大局，我请求中央批准把我担任的红军总政委一职让给张国焘。"

张闻天十分生气地说："只要能争取他北上，我愿意让出总书记的位子！"

毛泽东听了，大手一挥说："总书记一职不能让。张国焘是个机会主义者，当了总书记会闹出乱子来的。我看，还是让出总政委一职吧！"

于是，中革军委任命朱德为红军总司令，张国焘为总政委，

◁ 两河口会址

规定一、四方面军会师后，一切军队均由中国工农红军总司令、总政委直接指挥。

7月21日，中革军委决定组织前敌总指挥部，徐向前兼总指挥，陈昌浩兼政治委员，叶剑英任参谋长。同时决定原中央红军一、三、五、九军团依次改为第一、三、五、九军，原四方面军第四、九、三十、三十一、三十三军番号不变。第五军（原五军团）仍由董振堂任军长。

张国焘为了实现个人野心，要清算中央政治路线，竟置红军于险境而不顾。

由于张国焘的干扰，红军在会师后四十多天按兵不动，大好战机全都错过了。

敌人紧缩了对红军的包围圈，要想摆脱困境，红军只能走茫茫草地了。

不久，张国焘又提出分兵策略，将红军主力一分为二：他和总司令部率左路军，由五军、九军、三十一军、三十二军、三十三军组成；红军前敌总指挥部率右路军，由四军、三十军、一军、三军组成，中央机关随右路军行动。

红五军在董振堂的率领下，随张国焘的左路军南下了。

9月13日，董振堂接到通知，带五军营以上干部到阿坝格尔登寺开会。

上午10时，大会准时召开，主席台上的张国焘站起来首先发言说："我告诉大家一个很不幸的消息，毛泽东、周恩来、张闻天、博古等人蒙蔽了少数红军，于9月10日夜里向北逃跑了！"

台下顿时"轰"的一声乱了起来，站在一旁的张国焘亲信黄超、李特等人振臂高呼："反对毛泽东搞分裂！"

张国焘说："我们红军现在只剩几万人了，我们应该大胆地承认长征是失败了。现在虽然不是追究责任的时候，但我们应该想一想怎么会弄成这个样子。蒋介石已经掌握了全国政权，当前革命正处在总退却阶段。在这种情况下，有人硬要北上抗日，那简直是在开玩笑，是小资产阶级的幻想，是机会主义，是退却逃跑！"

接着，张国焘笑着对朱德说："总司令，你可以讲讲嘛！你对这个问题的认识如何？你是要南下还是要北上？"

朱德从容不迫地站起来说："党中央北上抗日的方针是正确的！现在日本帝国主义侵占了我国东三省，我们红军在这民族危亡的关头应该担当起抗日救国的责任。北上抗日，我在政治局会议上是举过手的，我不能出尔反尔。我是共产党员，我的义务是执行党的决定。我认为南下没有出路！中央的北上抗日方针是正确的，我决不会反对。你可以把我劈成两半，也割不断我和毛泽东的关系！"

张国焘一听这话，气急败坏地站了起来，铁青着脸，目露凶光。他的秘书黄超首先跳了出来，指着朱德吼道："你是老糊涂，你是老右倾，你是老不死！"

紧跟着，台下有人恶狠狠地喊道："既然你拥护北上，那你现在就走，快走！"

朱德冷静地看了那人一眼，缓缓地说："我是中央派到这里工作的，既然你们坚持南下，我只好跟你们去！"

刘伯承见一部分人蛮横地围攻朱德，愤然道："你们这是在干吗？这是在开党的会议，又不是审案子，你们怎能这样对待朱老总？"

这样一来，一些人的攻击目标又转到刘伯承身上。他们乱喊道："刘瞎子！你既然反对批判毛泽东的分裂行径，又为什么不跟他跑呢？你们根本就是一路货色。"

刘伯承对这些谩骂不屑一顾，语气坚定地回击道："我同意党中央的北上方针。从全国形势来看，北上有利，南下是要碰钉子的，会碰到薛岳的人马和川军，打得好可以蹲一段时间，打不好还得向北转移。"

由于朱德、刘伯承对张国焘攻击党中央以及南下路线不支持，张国焘的追随者在台下开始大喊大叫，引起了董振堂的强烈不满。

几天后，保卫局的几个人气势汹汹地来到五军军部，向董振堂递上一份名单，上面有魏传统、吴瑞林、傅崇碧三个人的名字。

来人说道："奉张总政委的命令，捉拿这几个反革命分子。"

董振堂看完名单，强压怒火说："哪来这么多反革命！他们都是久经考验、枪林弹雨中杀出来的红军干部，我还嫌这样的干部少呢！"

一旁的罗南辉副军长也紧跟着说："这几个同志是值得信任的，我可以担保他们不会出问题。"

来人说："你们有几个脑袋？这些人都是小知识分子，我们要对他们严加审查！走，带人去！"

董振堂怒吼道："慢着！"

保卫局的人顿时怔住了。董振堂缓缓站起来，拔出腰间的手枪，"啪"的一声摔到桌子上，铿锵有力地说："你们如果说他们是反革命，那我就是他们的头！如果你们要杀他们，就先杀我吧！"

面对这位铮铮铁骨的红军名将，来人吓坏了。他们无计可施，只得灰溜溜地走了。

这样，董振堂为革命保住了三位优秀的指挥员。

面对日益紧张的形势，五军原参谋长陈伯钧想先下手为强，积极联络部分干部，准备拉走原一方面军的队伍，并解救出朱德和刘伯承。如果情况良好，将张国焘一并控制住。

当陈伯钧将这一计划告诉董振堂时，董振堂赞许地点点头说："这一行动计划确实不错，但要注意两点：第一，不到紧要关头，没有周密的部属，不要实施之。两位老总（朱德、刘伯承）还在他们那里，正在做张国焘的工作，我们要沉住气；第二，一定要得到两位老总的同意才能实施这个计划。此外，要告诫我们的同志，一定要采取理智的斗争方法，不能盲动。"

陈伯钧又到红军大学请示刘伯承，刘伯承是前不久被张国焘贬到红军大学担任校长的。听完陈伯钧的陈述，刘伯承完全赞同董振堂提出的两点意见，当即说："张国焘倒行逆施，与党中央分庭抗礼，还迫害红一方面军的干部和战士。你们的行动计划是正义的，我完全赞同。我先同朱老总商量一下，尽快通知你们。"

刘伯承将朱德约到离驻地较远的一处荒坡上，示意警卫员撤到几十米开外，然后说："老总，许多天不见，近来可好？"

朱德苦笑了一下说："张国焘脑子里面有问题，硬要带队伍往南走，看来不撞得头破血流是不会罢休的。伯承，你那里怎么样？你把我约到这里来不会只是问候一下吧？有啥子事你就说嘛。"

刘伯承观察了一下四周，然后将行动计划一五一十地向朱德作了汇报，最后激愤地说："张国焘带着队伍往南闯，必将使红军遭受重大的损失。与其这样，不如拉走队伍迅速北上，与党中央和毛主席会合！这只是大家的意见，还要征得你的同意，你觉得如何？"

朱德沉思片刻，缓缓说道："我完全理解同志们的心情，这种想法我也有过，但我很难下决心。四方面军也是党的队伍，与张国焘无关。如果对张国焘实施兵谏，弄得好还行，如果收拾不了怎么办？一、四方面军要是真的动起手来，那你我可都成了历史罪人了！我不能同意这个方案。"

刘伯承深深地叹了口气说："总司令！请你别再对张国焘抱幻想了，挽救革命务必采取果断行动。这是处置张国焘这种阴谋家的唯一办法了。"

朱德摇头说："你错了！我不同意这个方案。我不是对张国焘下不了手，而是这个计划不稳妥。你看，这是以少胜多，不再是以红军对付白军，而是针对我们党领导的、英勇善战的红四方面军！一旦控制不好，将会引发惨烈的内讧。蒋介石要是知道红军内部真刀真枪地干起来，不知会有多开心呢！即使拉走少数队伍回师北上，那也会付出沉重的代价的。现在对张国焘动武显得操之过急，冒险成分过多，时机尚不成熟。四方面军是党的军队，不是张国焘一个人的军队。只要我们做好工作，将四方面军将士的思想统一到北上路线上来，相信大家迟早会北上的。"

刘伯承被朱德说服了，他心悦诚服地点了点头。

朱德问刘伯承说："老五、老九（指五、九军）那边怎么样？看来我得到那边去一趟。目前局面如此，你我肩上的担子可不轻呀！"

两位老总相互道别后，匆匆赶回各自的驻地。

不久，朱德特意来到五军军部，董振堂秘密召集部分营以上干部在他的房间开了一个会。

大伙见朱德来了，激动而又热烈地鼓起了掌。

董振堂对大家说："请朱德同志给我们讲话！"

朱德点了点头说："同志们！我很早就想来看你们，同志们都好吗？"

听到朱德亲切的问候，大家激动地说："都好都好！总司令，您可要注意身体呀！"

朱德笑着双手一摊说："你们看！我不是好好的嘛！现在党中央、毛主席北上了，已经取得了很大的胜利，这是一条正确的路线！毛主席早就讲过南下是绝路，敌情、地形和居民、给养等条件都对我们不利，可是有人却说北上是逃跑，只有南下才是革命。谁是谁非,历史会作出结论的。同志们!我们迟早也会走党中央、毛主席走的路的!但是,现在我们要有耐心,不能性急!我们要顾全大局,讲革命,讲团结,无论如何不能扩大矛盾,更不能盲动!红军要是和红军冲突起来,那就意味着对中国革命的极大犯罪!一、四方面军都是党领导的工农红军,是亲密的阶级兄弟。四方面军的同志有许多优点,他们英勇善战,吃苦耐劳,我们要团结他们。"

董振堂听完朱德的讲话,站起来代表五军全体官兵表态说:"请总司令放心!我们一定坚持原则,冷静地处理问题,决不感情用事。"

接着,董振堂又转向在座的干部们说:"总司令的这些话,大家要牢记在心,同时要向部队传达。只要每个同志都能从革命的整体利益和长远利益出发,即使有天大的困难也是能够战胜的!"

经过朱德和董振堂的努力,五军官兵的情绪很快稳定下来。

保护朱德

1935年10月初，张国焘率军到达卓木碉后，对朱德说："玉阶（朱德的字）兄在群众中威信很高，大家都希望你能挑起革命的重担。我们要尊重群众的意见，成立新的党中央，开除毛泽东等人的党籍。"

朱德一听这话，愤怒地说："这是篡党行为！"

张国焘厚着脸皮笑道："朱老总，不要发火，成立新的党中央是顺应革命潮流。你是德高望重之人，只要你点个头，我会给你第二把交椅坐的。"

朱德大怒道："你这种做法是对党的犯罪！"

张国焘见说不动朱德，脸色一沉说："我

告诉你，如今在你面前只有两条路可走，要么跟我走，要么北上去找毛泽东。我张国焘是君子，放你走；不像毛泽东是小人，办事偷偷摸摸的。"

朱德说："我留在左路军是党中央的决定，你无权指挥我！"

张国焘气得把脚一跺，扬长而去。

这时，老羞成怒的张国焘恨不得立刻把朱德收拾了。但是，朱德在群众中威信太高，他一时不敢贸然下手。

此后，朱德的处境变得日益艰难了。

没过几天，朱德一家的饭菜无人供应了。朱德夫人康克清找到驻地附近三十二军（原一方面

▷ 长征中的朱德和康克清

军九军团）的领导，扛回几袋面粉，肚子问题才得以解决。

再过几天，朱德身边的警卫员全给撤了。

董振堂闻讯后，气得把桌子一拍，愤怒地说："岂有此理！"

董振堂立即吩咐五军保卫局局长欧阳毅说："你立刻安排两位同志去朱德那里负责保卫工作。黄政委若过问此事，你就说是我安排的。记住，要安排靠得住的同志！"

欧阳毅说："军长放心，我这就去办。"

为了此事，堂堂一军之长董振堂竟挨了黄超两记耳光。但是，为了保护朱老总，他出人意料地隐忍了。

黄超曾是张国焘的秘书，是张国焘的心腹，被张国焘安插在红五军担任政委。他上任以来，处处为难董振堂。他先是把原红五军主要干部大部分调走，还到处散布谣言说董军长有军阀思想，投机革命，企图架空他。

10月5日，张国焘在卓木碉的白莎喇嘛寺里召开高级干部会议，攻击中共中央的路线是"右倾机会主义逃跑路线"，决定仿效列宁和第二国际决裂的办法，成立以他为首的"临时中央"，公然打出分裂旗帜。由于他另立"中央"的事来得太突然，会上有些干部没有思想准备，没有立即表态。会场上的气氛异常沉闷，谁也不开口。

张国焘要朱德表态，朱德严肃地说："我们不能反对中央，要接受中央的领导。现在大敌当前，党内要讲团结！天下红军是一家，中国工农红军在党中央统一领导下是个整体。大家都知道'朱毛'在一起好多年,全国和全世界都晓得,要我这个'朱'去反'毛',我做不到!"

张国焘又让刘伯承表态,刘伯承旗帜鲜明地站在朱德一边。

张国焘一听,心中大怒,但不好发作,便直接宣布了早已准备好的"临时中央"名单,并以多数通过的名义形成《决议》。

《决议》中宣布开除毛泽东、周恩来、张闻天、博古的党籍,撤销他们的职务,将他们开除出中央委员会,并下令通缉他们,"临时中央"总书记由张国焘担任。

这样,张国焘的反党行为发展到了顶峰。

这次会议所作的决议引起原红一方面军广大官兵的强烈不满,就连四方面军的许多同志都觉得太荒唐了。

红四方面军总指挥徐向前在会上没有发言,也没有举手表决,因为他对眼前发生的一切既不理解,又很痛心。

会后,张国焘曾找徐向前谈话,想取得徐向前的支持。徐向前明确表示不赞成这种做法,他说:"党内有分歧,谁是谁非可以慢慢谈,总会谈通的。把中央骂得一文不值,开除这个,通缉那个，只能使亲者痛，仇者快。即使中央有些做法欠妥，我们也不能这么搞。现在弄成两个中央，如果被敌人知道，没什么好处。"

董振堂也认为张国焘这样做是错误的。张国焘搞两个中央不是分裂是什么？共产党怎么能做出这样的事情呢？

董振堂认为目前当务之急是注意教育部队，掌握部队，保护好朱老总，要对官兵进行加强团结的教育。他不但这样想，而且这样做了。

→ 华家岭阻击战

★★★★★

（41岁）

1935年11月，张国焘率红四方面军南下，要实现在川康边创建根据地的计划。

张国焘率红四方面军南下后，到处碰壁，处境艰难，广大红军指战员对张国焘的行径日益不满。

这时，中共中央率红军胜利到达陕北，很快打开了局面。

12月24日，张浩以中共驻共产国际代表的身份致电张国焘，要他取消"第二中央"，成立中共西南局，直属中共驻共产国际代表团。

接电后，张国焘在任家坝召集会议，讨论张浩传达的共产国际的指示。会上，朱德、徐向前等一致拥护中共中央的决议。在此情况下，张国焘只得同意红四方面军开始北上。至此，张国焘的南下方针彻底失败了。

当部队历经千难万险到达甘孜时，四方面军由当初的八万余人锐减到四万余人，这其中还包括原一方面军的五军和三十二军。

1936年6月，张国焘被迫取消"第二中央"。不久，红二、六军团与四方面军胜利会师。

7月5日，中革军委以二军、六军、三十二军组织第二方面军，任命贺龙为总指挥兼军长，任弼时为政委，萧克为副总指挥，关向应为副政委。

两军会师后，在甘孜召开了高级干部联席会议，张国焘同意两军联合继续北上。于是，二、四方面军各部积极准备出发。为此，红五军军长董振堂异常兴奋，一扫往日的愁容。

现在，即将过草地北上奔赴抗日战场，就要与党中央及一方面军会师了。董振堂加紧部署，让全军干部战士筹足粮食。

1936年10月10日，一、四方面军终于在甘肃会宁县城胜利会师。

古老的小城沉浸在一片节日的气氛中，城楼上红旗招展，战士们欢呼雀跃。

这时，为保障会师安全，红五军正在西兰公路华家岭一带执行警戒任务。

当前方传来胜利会师的消息时，红五军将士人人振奋，心里乐开了花。

董振堂按照总部的布置，率部在华家岭构筑野战防御工事，准备抵御敌人毛炳文师的攻击。

因为这里地形不利于防守，所以选择阵地十分重要。董振堂会同副军长罗南辉、参谋长李屏仁等谨慎地勘查后，决定将第一道防线设在马家

◁ 甘肃省会宁城西关，红一、四方面军在此庆祝会师。

营子，由十三师三十七团和三十九团负责；十五师的两个团隐蔽在华家岭后山，作为第二道防线。第一道防线由罗南辉副军长负责指挥，第二道防线由军部直接指挥。

21日清晨，毛炳文师九个美式装备团逼近马家营子，沿公路肆无忌惮地开过来，进入红五军预设的口袋里。罗副军长一声令下，轻重机枪、步枪同时扫向敌人，敌先头部队顿时大乱。罗副军长果断下令出击，三十七团在团长李屏仁、政委谢良的带领下向逃敌扑去。

这一仗全歼敌人先头部队数百人，还活捉了三十几名俘虏。打扫完战场，战士们又分散在公路两侧，准备对付敌人的下一轮攻击。

不多时，敌人出动飞机在马家营子上空疯狂投弹，马家营子淹没在一片火海之中。

轰炸过后，敌人一个整团的步兵又沿着公路蜂拥而来。红军战士依托公路两侧的阵地给敌人又一次沉重的打击，敌人再一次退却了。

一会儿，敌人飞机再一次飞来，对公路两侧的阵地又是一阵狂轰滥炸。由于这一带全是光秃秃的小山，无处隐蔽，因此三十七团战士伤亡较大。

中午，三十七团将敌人一步步引到第二道防线，攻上来的敌人先是用重炮猛轰华家岭后山四十五团的主阵地，然后一个整营的步兵嚎叫着冲上来。

团长叶崇本并不急于攻击，一直把敌人放到离山头只有五十米左右后，一个猛烈突击打得敌人纷纷逃到山脚下去了。

敌人再次调飞机对我军阵地猛烈轰炸，山梁上火光冲天，硝烟弥漫。

不久，敌人的攻击又开始了。一个营的兵力从正面进攻，另一个营偷偷地从侧面迂回。叶团长及时发现了这一险情，立即同政委张力维率特务连和一营向偷袭上来的敌人扑去，敌我双方在后山腰上展开了一场你死我活的遭遇战。

叶团长手执一把大刀，率领战士与敌人混战在一起；张政委则率几个战士用轻机枪对准敌人的后续部队一顿猛扫。不多久，敌人坚持不住，纷纷向山下逃去。

第二天上午，敌人作了调整，由王均的第三军继续从前面进攻，而以毛炳文部从东面迂回，形成两面夹击的态势。

这一天的阻击战打得极为艰苦，三十七团参谋长牺牲，四十三团阵地几度易手。

关键时刻，董振堂亲率三十九团增援上来，才稳住阵脚。

下午，五军副军长罗南辉同志在指挥作战时

被敌机炸弹击中，不幸牺牲了。他最后一句话是："传达我的命令，一定要坚守两翼，守住阵地，决不让敌人前进一步。"

董振堂怒视着敌机肆无忌惮地超低空轰炸扫射，气得直跺脚，可又没有办法。部队没有对空武器，有限的子弹只能对付地面上的敌人。

夜里，敌人攻击停止了。三十七团伤亡惨重，董振堂命令三十九团上去把三十七团换了下来。

接着，董振堂在军指挥所召开会议，研究第二天的阻击方案。董振堂说："同志们！经过两天的激烈战斗，我们的战士表现得十分顽强，打退了敌人两个军的十余次进攻。只要明天能坚守到天黑，我们就胜利地完成这次阻击任务了。大家有没有信心打好明天这一仗？"

到会的所有指挥员齐声回答道："有！"

在两天来的战斗中，五军损失很大，但他们成功地拖住了敌人，为保障会师部队的安全作出了贡献，为会师后主力部队北上赢得了时间。

第三天，董振堂主动将防线后撤到大墩梁一带，由四十三团、四十五团防守大墩梁主峰，由三十七团、三十九团防守宋家梁。

敌人进攻前先派飞机轰炸扫射，然后步兵成数路纵队攻了上来。

五军各团沉着还击，打退敌人一次又一次疯狂进攻。下午，敌人仍未能突破红军防守的阵地，再次调来飞机，沿着大墩梁主峰阵地轰炸，造成五军伤亡惨重。

激烈的战斗一直持续到五点多钟，天色渐黑，敌人停止了进攻。

掩埋好牺牲的同志之后，董振堂命令机要参谋给总指挥徐向前发报：

经三天激烈战斗，我军伤亡很大，罗南辉副军长牺牲，部队已完成总部交给的阻击任务，准备向会宁方向撤退。

董振堂，十月二十三日下午五时。

在这次阻击战中，五军伤亡两千多人。虽然付出了沉重的代价，但为革命大局作出了卓越的贡献。

西 征

(1936—1937)

→ 西征路上

　　红一、四方面军会师后，鉴于当时的国内国外形势，党中央为全军制定的战略方针是团结内部，联合友军，粉碎蒋介石的"围剿"计划。同时，力图造成西北抗日局面，然后逼蒋抗日，停止内战，组成全国抗日民族统一战线。

　　这里的"友军"指东北军和西北军。当时红军与他们已在秘密联系，在联合抗日的问题上已达成共识。

　　蒋介石对张学良、杨虎城与共产党的秘密联系早有耳闻，但因忙于处理"两广事件"，一直抽不出手。当他摆平两广后，立即下令对西北的红军进行"围剿"。

　　这次，他调集了 30 万大军和 100 架飞机，企图将主力红军聚歼于黄河以东的陕甘地区。这就是所谓的"通渭会战"。

同时，蒋介石又强迫东北军、西北军执行他的"围剿"计划，想在战争中削弱张、杨的实力。如果张、杨拒不服从，就将他们调离西北，使之脱离与红军的接触，逐步将其肢解，以除后患。

这是一个极其阴险的计划，于是张学良将蒋介石精心策划的"通渭会战"计划及时通报给中共中央，并建议红军及早西渡黄河，控制河西走廊，以便外围作战。

党中央鉴于时间紧迫，在红一、四方面军会师的第二天就发布了《十月份作战纲领》，命令红军西渡黄河，打乱蒋介石的军事部署。

根据《十月份作战纲领》，四方面军的任务是用一个军迅速进至黄河东岸的靖远，选择渡口，加速造船，于11月10号前完成渡河准备；

▽ 朱德（二排左九）与红四方面军一部合影

四方面军主力在通（渭）马（营）静（宁）会（宁）地区休整，敌人不进则我军不退，敌人前进则我军节节抵抗，迟滞其前进时间，让西兰大道在 10 月份保持在我军手中。

中共中央之所以要西渡黄河，打通河西走廊，还有一个目的是打通国际路线。当时，斯大林和共产国际答应向红军提供一批武器和经济援助，只有通过新疆才能运进中国。而红军要想到新疆领取这些物资，必须先打通河西走廊。

1936 年 10 月中旬，红三十军八十八师在军政委李先念的带领下，秘密进抵靖远开始造船。李先念是木匠出身，在他的指导下，平均每天能造出两三条船。

10 月 25 日夜，红三十军利用刚造好的十六条船抢渡黄河，突破河西军阀马步青的黄河防线，红五军、红九军随后渡河西进。

至此，红四方面军分成了两部分：红四军总部和三十一军转战到陕北根据地，三十一军编入八路军一二九师，开赴抗日战场；渡过黄河的红五军、九军、三十军和军总指挥部奉命编成了红军西路军。

西路军编制如下：总指挥徐向前，总政委陈昌浩，红五军军长董振堂，政委黄超，参谋长李屏仁，政治部主任杨克明。全军共四个团，三千余人，枪一千多支，平均每枪子弹五发；红九军军长孙玉清，政委陈海松。全军共六个团六千五百人，枪两千五百支，平均每枪子弹十五发；红三十军军长程世才，政委李先念。全军共六个团七千人，枪三千两百支，平均每枪子弹二十五发；此外还有直属骑兵师、妇女抗日先锋团等。

西路军共两万两千人，枪不到一万支，粮、弹极其缺乏。特别是五军实力最弱，每枪子弹只有五发。

西路军所面对的敌人是盘踞在甘肃、青海的军阀马步青部和马步芳部。

马步青为骑兵第五师师长，所部盘踞在甘肃中、西部，辖三个骑兵旅，一个步兵旅，另有手枪、工兵、炮兵各一个团。

马步芳为新编第二军军长兼第一百师师长，盘踞在青海，辖有三个步兵旅，一个骑兵旅，炮兵、宪兵、手枪各一个团，另有青海警备司令部及三个旅的骑兵。

敌人兵力仅正规军就多达三万，还有民团武装十多万人，以骑兵为主。

根据中央的指示精神，为了打通西进通道，董振堂于11月10日率五军协同三十军包围了土门子，迫使马步青部一个工兵营投降。

11月18日，董振堂率军攻克永昌。

11月21日，董振堂又率军攻克山丹。

与此同时，西路军主力九军作为另一路，进展也较顺利，在干柴洼击溃敌人三个旅的进攻，乘势占领了古浪城。

马步芳得知古浪城失守，异常震惊，立即勒令马元海部不惜一切代价限期夺回。

古浪城是河西走廊的咽喉要地，古称"虎狼关"，地处要冲，一直是兵家必争之地。

马家军两万余人在马元海的指挥下蜂拥而来，双方展开了一场血战。红九军毙敌两千余人，自己也伤亡过半。

经此一役，九军元气大伤，无力再坚守古浪，只得连夜撤出，向右翼的五军、三十军靠拢。

从11月22日开始，马家军对西路军发起了更大规模的攻势。如果西路军向新疆挺进，所受损失不会很大。

董振堂在冯玉祥的西北军时曾接触过马家军，以马步芳为首的部队作战凶悍狡猾，董振堂早就领教过。以西路军现在的装备去和马家军拼，实力相差太大了。

因此，董振堂从实际出发，向徐向前总指挥建议说："我军宜迅速西行，勿作停留，打通新疆，取得苏联的援助物资后再回过头来收拾马匪。"

徐向前听后频频点头，表示完全赞同。但偏偏在这个时候，中革军委来电命令西路军停止西进，就地在永昌、凉州、山丹一带建立根据地。

二马不会坐视在自己的地盘上出现一块由共产党领导的红

色根据地，为了摆脱困境，争取主动，徐向前于11月24日亲自起草电文，向党中央反映实际情况，请求重新考虑西路军的行动方针。

电文指出："永凉地带地形开阔，区域狭小，无树无房，尽是堡寨，不便我军迂回抄击。九军激战古浪，损失极大，正在休整；三十军激战四十里铺，子弹耗尽，全靠大刀拼杀，已伤亡五百余人；五军更弱。根据以上情况，我们无力集中优势兵力，弹药太少，难在甘东地区立足。请求中革军委迅速指示下一步行动方针。"

11月25日，中央复电，仍要西路军就地坚持，打开局面。

西路军不进不退，正好给马家军以进击之机。马步芳调集重兵扑了过来，胡宗南的补充旅也向红军开来，一场大战不可避免了。

中革军委之所以这样部署，也有不得已的苦衷，其意图是造成河东红军企图与西路军在河西会合的假象，调动蒋介石的主要兵力扼守黄河，以便河东主力红军东出或南出，进行大规模的战略转移。

李先念是四方面军的一员猛将，又是徐向前的老部下。一天，李先念见房间里没有别人，便小声对徐向前说："总指挥，这哪成呀，这一带穷得丁当响，庄稼一年才收一次，老百姓自己都不够吃，我们就是有钱也买不到粮食啊。还有，我们没有冬衣。这地方太冷了，如果再不解决，会冻死人的！"

徐向前无可奈何地说："先克服一下，去执行吧！"

西路军在东起凉州四十里铺西至山丹的三百里狭长地带与马家军展开了残酷的血战。

董振堂的红五军奉命驻守山丹，敌人马禄的骑兵旅、韩起功步兵旅的一个山炮营气势汹汹地杀了过来。

面对敌人数次疯狂的进袭，红五军全体指战员在董振堂的率领下沉着应战，给敌人以重大杀伤，不仅守住了山丹城，而且还很好地配合了永昌的战斗。

打了几天后，为防止敌人大炮对我军造成重大伤亡，董振堂下令十五师两个团防守山丹城墙，十三师则全部留在城内作预备队。

第二天一早，敌人又发起进攻，守城的十五师依靠山丹古城墙的垛口打退了敌人的数次进攻。

中午时分，董振堂在城上观察到南门外的敌人疏于戒备，立即命令十三师三十七团、三十九团从东门出击。敌人措手不及，漫山遍野地狼狈逃窜，战士们勇敢地乘胜追击。

在追击途中，三十九团政委周畅昌发现左后方烟尘滚滚，敌人的骑兵来了。由于敌人的骑兵动作迅速，加上先前溃退的敌兵回身反扑,攻出城外的两个团遭到两面夹击,陷入十分被动的境地。敌我双方在城外展开了一场惨烈的拼杀。

董振堂在城楼上发现这一险情后,立即命令四十五团火速出城增援,绕至敌人骑兵后面一顿狠打,将敌人打退。

双方一直打到 12 月 11 日,五军损失很大,全军共伤亡六百余人。

这时,突然传来西安事变的消息。

原来,以张学良为首的东北军和以杨虎城为首的西北军在中国共产党抗日民族统一战线的影响下,不满蒋介石"攘外必先安内"的对日妥协政策,在西安发动兵谏,扣押了蒋介石。

消息传来,红军指战员一片欢腾。董振堂得知这一消息,脸上露出欣慰的笑容。

董振堂一贯支持党中央北上抗日的方针,多么想率领五军将士奔赴抗日前线啊。

12 月下旬,党中央发来电报,告知蒋介石已同意国共再次合作,共同抗日。同时电令西路军仍执行西进任务,目标直指新疆。

接电后,西路军撤离永昌、山丹,立即向西进发。

高台血战

  西路军将士踏上征程时已是寒冬季节，气温降至零下三十多度。河西走廊上人烟稀少，狂风怒吼，大雪纷飞，一片荒凉。

  这时，西安事变虽然已经和平解决，但蒋介石并未放下屠刀，亡我之心不死，仍严令马家军彻底消灭西路军。在一片和平的气氛中，西路军正一步步踏入险境。

  1936 年除夕，董振堂率红五军攻占临泽县城后，命令部队抓紧时间休息。

  随后，董振堂找到军政委黄超。董振堂和黄超商议片刻，黄超决定自己带军直外加三十七团、四十三团留驻临泽，董振堂则率三十九团、四十五团、骑兵团和总部特务团总计三千多人于次日凌晨出发攻打高台县城，全军仅有的一部无线电台按黄超的意思留在了临泽。

高台县城位于甘肃省西部，是西路军通往新疆的门户，自古就是兵家必争之地。

高台县南面不远处即海拔 5400 多米、终年白雪皑皑的祁连山脉，北面是一望无际、黄沙漫漫的内蒙古荒原。

次日黎明前，董振堂率战士拖着疲惫的步伐赶到高台城下，下达了战斗命令："四十五团为左路，三十九团为右路，特务团、骑兵团居中，迅速展开，一举攻克高台城！"

红军战士抬着早已准备好的云梯扑向城墙，一部分敌人拼命阻击，有些城头直到攻城战士爬上去时敌人才发觉。红军战士一鼓作气拿下了高台城，守城民团八百多人缴械投降，县署官员全部被俘。

进驻高台后，因电台不在身边，董振堂立即命令骑兵团派人飞马赶回临泽报信，希望政委黄超率领红五军余部迅速跟进，同时请黄超电告西路军总指挥部攻克高台的消息。

政治部主任杨克明对董振堂说："真可谓前景大好啊！现在只要部队全力西进，不久即可到达新疆。等拿到了苏联提供的武器和援助物质，咱们再杀回来。"

董振堂担心地说："鸟枪换大炮当然好！只是现在西安事变虽已和平解决，但蒋介石狼子野心，面合心不合；二马经营西北多年，已形成牢固的家族统治的武装集团，是容不得我们的。我们要时刻提高警惕，此地不可久留呀！"

"二马"指马步青和马步芳。

第二天，派去临泽送信的战士回来了。红五军余部没有跟过来，只带回军委的一纸电令："在高台、临泽地区集结，暂时勿再西进。"

董振堂接电后大惑不解，不知中央为何又不让西进了。

原来，西安事变后，蒋介石回到南京，立即扣押了张学良，并调集 40 个师的兵力准备进攻西安，局势再度紧张起来。中央从全局出发，命令西路军暂勿西进，有静观时局、随时需要西路军东返策应陕北的意图。

1937 年 1 月 8 日，军委再次电令西路军消灭尾追之敌，在河西走廊创建根据地。

徐向前、陈昌浩二人按照中革军委的指示决定停止西进，准备在临泽、高台一带迎敌。

西路军各部不进不退，开始就地扩充红军、筹粮，创建根据地，这是二马最害怕的。他们沉不住气了，于是开始积极部署，调集精锐部队，准备与西路军决一死战。

董振堂从接到命令开始便有一种不祥的感觉，但他还是毫不置疑地坚决执行了。

在红军的宣传号召下，高台百姓踊跃向红军捐衣捐粮，整个小城沸腾起来。被俘的八百余名民团中有大部人愿意接受改编，加入了红军。

1937 年 1 月 12 日，二马主力跟踪而至。狡猾的马步芳以一部分兵力佯攻临泽和倪家营子，而以主力两万余人绕过临泽和倪家营子，直扑红五军驻守的高台城。

敌人大兵压境，董振堂快速登上城头，举起望远镜观察敌情。只见远处的戈壁滩上黄尘滚滚，马家军一队队向高台涌来，有清一色的黑马团、白马团、红马团，远处还有上万的步兵。

西路军分驻三地，其中以驻守高台的红五军实力最弱，仅有三千多人困守孤城。

董振堂放下望远镜，用一贯坚定的语气命令道:"同志们! 高台是咱们红军西进的战略要地，我们要坚守每一处阵地，拖住敌人，赢得时间，主力一定会赶来增援我们的!"

战士们信心十足，个个摩拳擦掌赶修工事。

董振堂回到指挥部，立即把守城任务下达到各团。然后，找来敌工科长李肃，命令他趁敌人还未对高台完成合围之前，立即带领几个战士化装出城，向总部报告情况，请求支援。

送信的出发后，董振堂再次登上城头。

在与西路军总部联络不上的情况下，董振堂只得作坚守高台城的准备。他动员军民抬石头，运沙袋，修筑工事，挖枪眼，收集原始作战工具；

加强东西关的防御设施，各以一个连的兵力固守东西两关；各部署一个排扼守城外东南角和西南角的两座小庙，这两座小庙距城墙约 400 米，高于城墙，登在上面可以瞭望城内。

不多时，敌人炮击开始了。炮火猛烈，筑好的工事大部被毁。

炮火过后，马匪在城外一字排开，举行宣誓仪式。敌前线指挥官骑在马上，举着大旗声嘶力竭地喊道："上峰有令，攻下高台，放假三天，城里的财物和女人统统归你们。"

敌人组成敢死队，扛着云梯，手持绳索和铁钩，齐声呐喊，向两丈高的城墙扑来。

五军官兵原是打阻击战的能手，并不急于开火，等敌人靠近后突然一顿猛打，打得马匪人仰马翻，逃了回去。

这样一直打到第四天，敌人死伤无数，什么也没捞着，马步芳站在城外的山坡上一筹莫展。

入夜，董振堂仍在城头上，他一面望着城外马家军燃起的一堆堆篝火，以及淹没在夜色中的祁连山脉，一面考虑部队的下一步行动。

援兵迟迟未见，仅凭这三千多人守城，能坚守到几时，他心里实在没数。

我军粮、弹均已严重缺乏，每次夜里都派战士出城去搜寻敌人尸体上的弹药，但没有多大收获。狡猾的马步芳命令出击的士兵每人只带三五排子弹，打完了再回去补充。马匪十倍于我，装备精良。照此下去，死守将意味着全军覆灭。

反复斟酌后，董振堂认为人是至关重要的，在这种困境下必须选择突围，设法保住这些革命精英。有了他们，中国的革命才有希望。前事不忘，后事之师，决不能重蹈第五次反"围剿"的覆辙。

当晚，董振堂召集全军团以上干部开会。在会上，他宣布说："咱们五军在高台已坚守四天，现在粮食和弹药快用完了，援兵却迟迟不见。在这种情况下，我决定突围。"

众人听后都赞同这个方案，杨克明说："选择突围极为必要，留得青山在，不怕没柴烧。只要保住部队，将来十座高台都能夺回来，我赞成军长的意见。"

董振堂把大家带到地图前说："选择临泽方向突围是不行的，敌人不会轻易让我们同主力会合，一定会派重兵拦截。东南方向也不行，这里

▽ 高台城血战中西路军将士牺牲的悲壮场景

地势开阔，宜于敌人骑兵追击，跑不了多远就会被敌人全部砍光的。我们要向山里突围，只要我们进了祁连山，骑兵就发挥不了作用，敌人就拿我们没办法了。"

停了一下，董振堂对骑兵团长吕仁礼说："我决定明天半夜突围，由你的骑兵打头阵，其余部队紧随在骑兵的后面，行动要果敢。你明天白天带人在城墙上掏几个洞，在靠城墙外面那边留一点土，只要能过得去一两匹马的宽度，一撞即破就行。好，会就开到这，大家赶紧回去休息吧，明天还有战斗任务。"

第二天一早，马家军将矛头直指城外的两座小庙。这两处制高点十分重要，敌人也看到了这一点。他们先是以猛烈的火力压住碉堡里的红军，然后把一个个汽油桶滚到碉堡下点燃，并顺势堆上木材。刹那间，两座小庙淹没在熊熊大火之中。里面的红军战士高呼着口号纵身跳下小庙，尽管身上还冒着火，仍追着马匪厮杀，渐渐地一个个倒下去了。

董振堂站在城头，望见这情景，两眼冒火，痛苦地埋下了头。

小庙失守，两个重要的制高点被敌人占领，守城的难度更大了。

接着，敌人又开始攻城了。五军战士在董振堂的率领下，打退了敌人一次又一次疯狂的进攻。

好不容易挨到下午，一个民团模样的人匆匆来见董振堂。他擦了把汗，从鞋底掏出一封信交给董振堂。这人是受黄超派遣来送信的红军战士。

董振堂接过信一看，脸顿时沉了下来，只见信上写道："董军长：高台是打通国际路线的重要据点，是西进必经之地，总部命令你们必须死守到底，与高台共存亡！否则，要你董军长的人头！"

董振堂读完信，十分震惊。总部怎么会做出这种与敌人拼血本的决定，这不又走那条"左"倾冒险家与敌人死打硬拼的老路了吗？他清楚地知道，如果现在不突围，以后就没有机会了。

但是，董振堂对送信的战士斩钉截铁地说："请你回去转告黄政委，服从命令乃军人之天职，我董振堂誓与高台共存亡！"

送信的战士走后，董振堂命令道："突围计划取消，团以上干部晚上到军部开会！"

晚上，军部所在的天主教堂内聚集着五军所有团以上的干部。董振堂从口袋里掏出黄超派人送来的信，然后讲道："黄政委来信，命令我军死守高台，人在城在，人亡城亡，红五军一定要与高台共存亡！你们身经百战，个个都是好样的！这次，你们要做好血战到底的准备！"

十三师师长叶崇本首先站起来说："军长，我们坚决执行总部的命令，我们十三师誓与高台共存亡！"

其他指挥员也纷纷表态，一个个都宣了誓。

董振堂感动地说："同志们！从现在开始，要连夜加高加厚城防工事，重要防御地段指挥员要亲临现场。吕团长的两连骑兵作为机动部队，随时处理各处发生的险情！"

半小时左右，会开完了，大家分头回到各自的防区。

依董振堂和黄超在红军中的地位，董振堂不仅是中央革命军事委员会二十三名委员之一，而且战功卓著；而黄超除了有张国焘的提携外，其他根本没法与比他大十多岁的董振堂比。但是，忠厚的董振堂出于对党的绝对忠诚，不仅一直宽容黄超，而且坚守党的组织原则，有些事情过于听从黄超的意见。

董振堂没有休息，来到东门的阵地上，见战士们正在紧张地赶修工事。

经过多日的战斗，战士一个个已是衣衫褴褛，蓬头垢面，但却干劲十足。董振堂看在眼里，疼在心头。

董振堂手指城外马家军燃起的一片片篝火，大声问战士们："马匪以重兵围困高台，想把咱们红五军一口吃掉！同志们，咱们怎么办？"

战士们齐声吼道："坚决守住阵地！誓与高台共存亡！"

1月20日上午，西路军总指挥部三局局长宋侃夫破译了一则敌方电讯，不禁大吃一惊，立即报告总指挥徐向前、政委陈昌浩说："敌人集结三万余兵力猛攻高台县城，现已破城而入，正在进行激烈的巷战！"

陈昌浩大惊失色，与徐向前商量，决定派骑兵师火速前往高台增援。

骑兵师师长董俊彦接到命令后，立即率队出发了。不幸的是骑兵师只有500人，实在太少了。在半路上，他们扎进了马步芳精锐骑兵的重重包围圈。一阵激烈的拼杀后，骑兵师全军覆灭了。

原来，激战正酣时，高台城内那帮被收编的民团分子反水，竟偷偷打开了西门。马家军冲了进来，高台城内的红五军战士与之展开了激烈的巷战。

吕仁礼率领的两个骑兵连是全军最后一张牌，他焦急地对董振堂说："军长！突围吧，现在走还来得及。"

董振堂横眉怒目，铁了心要与高台共存亡。他将东门的防务交给吕团长后，匆匆带着警卫排赶往西门。他知道，要想收拾残局，只有重新夺回西门。

董振堂没走多远，就见杨克明搀着浑身是血的十三师师长叶崇本走过来。

董振堂抢上前去双手扶住叶师长，身负重伤的叶师长有气无力地说："军长，对不起，我……"

话没说完，头就歪向了一边。

这时，大街对面冲过来十几个马匪，警卫排战士立即举枪沉着还击，打倒了冲在前面的几个人。

杨克明见事态紧急，对警卫排长喊道：“保护董军长向东门突围，我在这里拖住敌人！快！”

董振堂拔出腰间的手枪吼道：“城都丢了，还突什么围，我董振堂誓与高台共存亡！”

董振堂吼罢，就要冲上去，杨克明拖住他说：“军长！十三师的叶师长、朱政委他们都牺牲了，你去了也没用。快走吧！五军少不了你，临泽还有一个军部呢。只要你在，五军还会发展壮大的。为了五军，你也要冲出去呀！”

董振堂将杨克明往旁边一推，从警卫员手里抢过一把大刀，喊道：“警卫排，跟我上！”

杨克明再次拦住董振堂，恳求道：“军长！现在不是逞英雄的时候，留得青山在，不怕没柴烧。五军是你在宁都起义时带过来的，不能在这里被灭了。你活着就有希望，别耽搁了，快走吧！”

杨克明说完，使劲地推了董振堂一把，随后对警卫战士吼道：“快保护军长撤往东门！”

战士们架起暴跳如雷的董振堂，向城东奔去。

杨克明回过头来，抽出手枪，带着身边的几个战士，迎着敌人杀过去。

渐渐地，退下来的红军战士越聚越多，差不多有二百来人了。这时，杨克明松了一口气，沉着地命令道：“同志们！尽量拖住敌人，越久越好，军长那边的压力才会小些。我们等天黑下来时再突围。"

马匪几次攻击受挫，立即改变打法，弃马徒步从四周包抄上来。几个回合过后，战士们越打越少，敌人则死伤更多。

面对如此顽强的对手，敌人料定这里必定有红军大官，于是又开始调重兵围攻。

杨克明手持步枪向冲上来的敌人射击，打了一会儿子弹打光了。他回过头来向身后的战士要子弹，却见身后已站满了马匪兵，战士们都牺牲了。这样，年轻有为的红五军政治部主任惨死在马家军的屠刀下。

西门附近的抵抗逐渐减弱，马家军源源不断地涌进城来，嚎叫着："活捉董振堂！"

城内的抵抗渐渐集中到东门附近，这里城墙较高，宜于守卫，是五军掌握的最后一块阵地。

董振堂率领余下的战士顽强抗击着马匪的轮番冲锋，子弹越打越少，战士开始用石头、大刀、扁担、百姓送来的开水当武器，与敌人作殊死拼杀。

战斗持续到傍晚，敌人仍未拿下东门。敌人急了，组织敢死队嚎叫着再一次扑上来。

董振堂同战士们挥刀与敌人拼杀，身边的战士陆续倒下，最后只剩下五六个战士了。

一伙敌人将董振堂团团围住，要上去捉他。

董振堂毫无惧色，抡起大刀左砍右劈，敌人纷纷倒地。

这时，更多的敌人围上来。突然，从敌人侧后闪出几个被打散的警卫排战士，手端驳壳枪向敌人射击，马匪顿时倒下一大片。

两个战士迅速跑过来，护卫着董振堂从城墙上跳了下去。由于城墙太高，董振堂的左腿落地时摔断了。

两个战士爬起来搀着董振堂向祁连山方向跑去，城外敌人的骑兵追了上来，将三人团团围住。

三人跃进一个大弹坑，以之作为掩体进行抵抗。两个警卫员先后牺牲，董振堂双枪并举，轮番向敌人射击，直到剩下最后一粒子弹。

这时，董振堂扫了一眼蜂拥而至的敌人，然后掉转枪口，对准自己的胸膛扣响了扳机，为革命事业流尽了最后一滴血。

◁ 高台县董振堂烈士纪念亭

后　记

董振堂烈士永垂不朽

董振堂牺牲后，宋任穷、王任重、陈再道曾到河北新河县西李家庄董振堂家中探望，对家属进行慰问。

1946 年，刘伯承、邓小平将董振堂的堂兄接到邯郸解放军司令部，详细询问遗属情况，随后派人将流落到安徽的董振堂夫人贾玉明一家接回冀南，后由宋任穷派冀南军区领导给贾玉明分了房子、几十亩地及 60 万当时冀南地区通行的货币。

新中国成立后，高台县建了董振堂烈士纪念碑和中国工农红军四方面军第五军阵亡烈士公墓。当年董振堂的上级领导、红四方面军总指挥徐向前亲自题写了碑文：

振堂、海松、厚发、启华、义斋及西路军牺牲的诸烈士们：

你们为中华民族的解放和劳动人民的利益坚韧不拔自我牺牲的英雄气概是我军无上的光荣。

徐向前敬挽

为了纪念在高台英勇牺牲的中国工农红军西路军第五军指战员，经甘肃省人民政府批准，于1957年建成高台烈士陵园。

1989年8月，经国务院批准，将高台烈士陵园列为全国重点烈士纪念建筑物保护单位。

高台烈士陵园位于甘肃省高台县东南角，总面积四万多平方米。整个规划结构呈树型，采取传统与现代相结合的建筑手法，象征革命火种植根西北大地，革命事业蓬勃向上，繁荣昌盛。

高台烈士陵园正门横联为朱德同志亲笔所题"高台烈士陵园"六个大字，中幅对联为"碧血丹心血沃神州兆大地，壮志豪情志屹华夏贯长空"，边幅对联为"血溅沙场威武不屈,志光中华浩气长存"。正门横联背面镌刻着郭沫若同志亲笔所题"浩气长存"四个大字。

高台烈士陵园内有亭、堂、室、碑、雕塑等建筑物，鲜花、绿草、果树、松柏穿插环绕其间。整园布局井然，有条有理，融为一体，浑然不可分割，表达了高台人民不忘先烈的敬意。

进入陵园大门，首先映入眼帘的是花岗岩大型英雄群雕"血战高台"。群雕东面为烈士纪念堂。纪念堂正面是洪学智亲笔题写的"烈士纪念堂"五个大字。堂内南北两侧立着红五军军长董振堂、政治部主任杨克明两位烈士的汉白玉半身雕像。

穿过烈士纪念堂，是红五军阵亡将士的墓碑和公墓，公墓周围遍植松柏，青翠挺拔，庄严肃穆。

烈士纪念亭位于纪念堂左右两侧。左侧为董振堂烈士纪念亭，正中立有董振堂纪念碑，碑背面雕刻着"永垂不朽"四个大字，亭口有"宁都豪气千秋在，高台雄风万古传"的对幅；右侧为杨克明烈士纪念亭，正中立有杨克明纪念碑，碑背面雕刻着"浩气长存"四个大字，亭口有"三过草地心犹壮，一死高台志未移"的对幅。

陈列馆在陵园北侧。馆内大厅正面为毛泽东同志手书"共产主义是不可抗御的，星星之火可以燎原，死难烈士万岁"；东西两侧由朱德、李先念、徐向前等老一辈无产阶级革命家的亲笔题词。

陈列馆内西侧设有红军西征展室，包括"奉命西征"、"一条山大捷"、"苦战四十里堡"、"三进三出倪家营"、"梨园口白刃交加"、"浴血屡战兵败祁连"、"红石窝三条决定"、"敌军酷刑"、"党群营救"、"人民怀念，万古千秋"等十个部分；东侧为血战高台展室，包括"攻占高台城"、"发动群众，组建新兵营"、"血战高台"、"敌军暴行"、"红军遗物"、"营救亲人"、"高台为你著荣光"、"梦魂五十载"、"高台祭英魂"、"政通人和念英雄"等十个部分。

2006年10月26日，董振堂事迹陈列馆暨铜像落成揭幕仪式在新河县董振堂事迹陈列馆前隆重举行。

这天，新河县城装扮一新，分外喜庆。新建好的振堂公园花团锦簇，翠绿丛丛。

原全国政协委员、西路军文工团战士、谢觉哉夫人王定国，原空军副司令员、红西路军老红军王定烈，原国家主席李先念夫人林佳楣出席仪式。省市、县和有关部门领导、新河县干部群众代表及驻军、董振堂将军亲属共两千余人参加了揭幕仪式。

董振堂将军纪念设施位于新河县城西振堂公园内，主要包括事迹陈列馆、铜像、广场、碑林、故居、墓地等六部分。建筑面积 782 平方米，陈展面积 500 平方米，振堂广场占地 70 亩，总高 6 米的董振堂青铜雕像安放在陈列馆正前方。

碑林位于北广场中心，占地 30 亩，立有石碑 42 块，寓意董振堂将军一生度过的伟大而短暂的 42 年岁月，主要镌刻着毛泽东、周恩来、朱德等老一辈无产阶级革命家对董振堂将军的评价和赞语。

董振堂自宁都起义后，在短短的七年间身经百战，战功赫赫，为保卫党中央立下了汗马功劳，为中国革命作出了巨大的贡献。其英雄气概和献身精神值得后人学习。

董振堂烈士永垂不朽！